从普通到卓越

到

卓越

常生龙

/

著

教师成长的
五堂必修课

上海教育出版社
SHANGHAI EDUCATIONAL
PUBLISHING HOUSE

目 录

第一课　转变教育观念

第二课　构建和谐关系

第三课　善用学习理论

第四课　改革教育评价

第五课　聚焦核心素养

　　每一位教师都有一个梦想，那就是成为一名卓越的教师。实现这一梦想的路径有很多，但坚持教育实践，坚持思考教育现象和问题，坚持将思考结果整理并公开发布，与方家互动交流，是一条值得选择，也比较容易实现梦想的路径。

　　"新教育实验"发起者朱永新先生曾半戏谑半认真地拟写过一则《"朱永新成功保险公司"开业启事》。在这则启事中，朱永新先生拟定了这样的投保条件："每日三省自身，写千字文一篇。一天所见、所闻、所读、所想，无不可入文。十年后，持三千六百五十篇千字文（计三百六十五万字）来本公司。理赔办法：如投保方自感十年后未能跻身成功者之列，本公司以一赔百。……"朱永新先生为了帮助教师实现梦想，可谓煞费苦心，他为教师描绘的走向卓越的路径，就是实践、思考、写作。

　　然而并非按照上述路径走下去，就一定能成功。比如，有的教师将题海战术作为自己教学的秘密武器，思考和写作也都局限于此，很少关注学生的内在成长需求，很少考虑团队合作……这样的教师在指导学生考试方面或许会小有"名气"，但很难走向卓越。教师只有拥有正确的教育观，摸准教育改革方向，勤奋实践才更有意义。

　　教师成长涉及的主题很多，以下五个主题非常值得教师关注。我们不妨称之为教师从普通走向卓越的五堂必修课。

一是转变教育观念。其核心是观念的革新。教师的教育教学行为，受相应教育观念支配。教师的观念和教育改革的理念合拍了，教育实践才不会走弯路。

二是构建和谐关系。大量研究表明，学生和教师关系融洽，亲子关系和谐，同学关系和睦时，他才会有安全感，才会全身心投入学习，才有可能在学习期间甚至在一生的成长中获得幸福。

三是善用学习理论。脑科学的快速发展，为我们理解学生的学习打开了一扇窗；学习科学的迅猛发展，为我们更好地组织教学、理解教育本质提供了理论依据。新时代教师，需要用最新的学习理论来武装自己。

四是改革教育评价。教育评价具有"牵一发而动全身"的引领作用。《深化新时代教育评价改革总体方案》提出改进结果评价，强化过程评价，探索增值评价，健全综合评价的要求，并提出从党委和政府教育工作评价、学校评价、教师评价、学生评价、用人评价等五个方面全面推进教育评价改革。我们对此要有新的认识和思考。

五是聚焦核心素养。以新课程、新教材为标志的新一轮课程教学改革，聚焦学生的核心素养培育，聚焦学生关键能力与必备品格的养成。对核心素养的内涵理解得越是透彻，课程教学的实践就越发扎实。

由于水平和视野所限，文中一些表述或观点或许不太严谨，敬请读者批评指正。

第一课

转变教育观念

成为学习高手

教师群体中不乏自身不怎么学习但很懂得怎么教的人，但这些教师和好教师还是有一定差距的。一个好教师，除了懂得如何教书之外，一定是学习的高手，有着非同一般的学习水准。之所以这样说，有以下几个方面的理由。

第一，教学不仅仅是传授知识，更重要的是帮助学生了解知识形成的过程。

牛顿前后花费了二十多年的时间，将地面上物体的运动和天体的运动统一起来考虑，提炼出它们相同的运动规律——万有引力定律。如果我们在教学过程中仅仅告诉学生万有引力定律的公式，以及如何用它来解题，相信过不了多久，学生就会忘记这个知识点。

在二十多年的时间里，牛顿都做了些什么呢？他的工作大体上可以分为三个阶段。第一阶段是研究月球的运动，在假定月球运行轨道是圆形的情况下，发现引力和距离的平方成反比。然而，月球的实际运行轨道是椭圆形的，所以在第二阶段，他进一步证明了引力和距离的平方成反比不仅适用于椭圆形轨道，对所有圆锥曲线（包含椭圆、抛物线和双曲线）轨道均成立，还由此出发验证了开普勒第三定律，将原本基于地球和月球之间的运动规律推广到了当时能够观察到的其他行星。第三阶段，他反过来研究地球，得出在行星的质量均匀分布或分层均匀分布的情况下，可以将行星等效成一个质点。由此，地面上物体和地球之间的引力就可以计算和测量了。从地球和月亮的特例，拓展到轨道是圆锥曲线（包含椭圆、抛物线和双曲线）的各类行星，再回头解决地面上物体和地球之间的引力。这样的思考涵盖了物体之间相互作用的方方面面，"万有"也就有了坚实的基础。

牛顿发现万有引力的过程给我们提供了非常好的研究思路和方法。如果教师平时多学习，对这样一个过程有比较清晰的了解，在上课时将这些信息讲给学生听，学生就会明白，遇到一个问题时该如何思考、研究才能保证结论是缜密的、经得起推敲的。经常听教师讲解知识的形成过程，学生慢慢地就会找到研究问题的着力点，这对他们一生的发展都是非常有益的。

第二，学习是学生自己的事情，教师要为学生点燃求知的火炬。

有一次，陶行知到武汉大学演讲。演讲前，他从箱子里拿出一只公鸡，又掏出一把米放在桌上。他按住公鸡的头，强迫公鸡吃米，公鸡只叫不吃。他掰开公鸡的嘴，把米硬往鸡的嘴里塞，公鸡拼命挣扎，还是不肯吃。陶行知轻轻松开手，把鸡放在桌上，自己后退了几步。一会儿，公鸡开始吃起米来了。陶行知这才开始演讲。他认为，教育就像喂鸡一样。老师强迫学生去学习，把知识硬灌给他，他是不情愿学的。即使学，也是食而不化，过不了多久，他还是会把知识还给先生。然而，如果让他自由地学习，充分发挥他的主观能动性，那效果一定好得多！

学习是学生自己的事情。教师用强迫的方式逼学生"就范"，效果肯定不好。但这并不意味着教师就无所作为。学生的头脑不是等待被填满的容器，而是需要被点燃的火炬。点燃这火炬的引线，就是兴趣。

今天的学生和过去的学生相比，最大的区别就在学习信息的获取方式和占有量上。过去，教师是学生获取学习信息最为重要的渠道。学生需要从教师那里获得学习的各种素材。随着信息化程度的不断提升，学生获取知识的渠道大大拓宽，占有资源的数量也不见得比教师少。在这种情况下，教师要激发学生的兴趣，就必须另辟蹊径。好教师善于研究第一手资料，通过对这些资料的研究，发现网络资料中的纰漏，帮助学生发现思考问题的新视角；好教师善于为学生提供多元的学习资料，帮助学生了解正、反两方面的观点，在吃透资料的前提下做出自己的判断；好教师尊重常识，善于从习以为常的事物和言行中发现违反常识之处，引发学生深入思考……这些引线的作用巨大，常常能让学生求知的火炬熊熊燃烧。

第三，教师对学问孜孜以求的态度，会激发学生学习的动机。

成为一名好教师有多种路径，但有一点是共通的，那就是好教师有强烈的学习欲望，是一个学习高手，不仅善于阅读，而且对教学现场也有很多的研究，始终以提升教学质量为己任。

好教师对学科的发展非常敏感，特别重视研究学科的最新成果，并在各种场合向自己的学生介绍这些最新的成果。学生透过教师的教学和言谈，能够感受到教师浓厚的学习兴趣，并被教师深深感染，从而激发自身学习的动力。我们常说的"以身示范"，在这些教师的身上体现得尤为明显。

做泥人的师傅

丰子恺画过一幅漫画，题目叫"某种教育"。在这幅漫画里，一个做泥人的师傅正在努力地工作，将一个个泥团往模子里按，从模子里出来的泥人个个都一模一样。

给这幅漫画取名"某种教育"，丰子恺做过这样的解读："在某时代某地方，厉行刻板的教育。蔑视青年的个性，束缚人的自由，而用高压力实行专制的教育法。于是毕业出来的人，个个一样，没有个性，没有趣味，呆板的，机械的，全不像一个'人'。我觉得这种教育法可恶，这般青年可怜。于是对这问题想下一个批评。"①

丰子恺创作这幅漫画，距离现在已经有很长一段时间了，但漫画所表达的"某时代某地方"的教育，在模式化、束缚人的自由等方面，现在似乎没有什么大的改观，相反还有愈演愈烈的趋势。比如，某学校的"导学案"实验，被某教育行政领导看中后，演变成一个区域内整体的教学模式被实践，区域内所有的学校、所有的课程都被要求采用"导学案"的方式来实施教学。比如，某学校进行的教师少讲、学生多练的课堂组织形式探索，被另一所学校领导强行在自己的学校里推行，规定推行"10+30"的课堂教学模式，教师上课讲解的时间不准超过10分钟，

---

① 丰陈宝，丰一吟，丰元草.丰子恺文集 4：艺术卷四 [M].杭州：浙江文艺出版社，浙江教育出版社，1990: 295.

其余的时间必须交给学生。比如，有的学校规定课堂教学必须采用小组合作学习的方式，要将学生的课桌拼在一起，哪怕有些学生背对着黑板，有些学生上课时始终将脖子转过90度去看教师和黑板，也在所不惜。比如，所有学生在课堂上都必须学同样的内容，课后要完成相同的作业，没有讨价还价的余地。比如，一些孩子回到家中，基本上没有娱乐的时空，等待他的是家长安排的各种补习班和课后练习题，每天除了学习还是学习……

管理者推崇模式化，是因为模式可以在一定的范围内被复制和推广，由此可带来集约效应，降低管理成本，这对工农业生产是有益处的。长期以来，这种模式化的管理被理所当然地运用在教育领域，尽管我们面对的是一个个鲜活的生命，他们有千差万别的需求，但我们却可以非常坦然地只给他们提供一种教育模式，让他们在这个模式里学习。

课程教学实施模式化、统一化，是为了给教学管理和评价带来方便。然而，一门课程的学习，有很多路径，就像下围棋，从某一点出发到另一点，有许多条路径可以选择。但我们当下的课程，却几乎不给学生自主学习、选择的机会，所有学生都要按照教材设定的逻辑顺序，用同样的步调、同样的节奏开展学习。这不仅将学科学习的模式固化，还用专制的方式将学生的思维方式固化。

教育评价单一化，是因为一些教育管理者、教师和家长往往过分高估分数的力量。在"不让孩子输在起跑线上""都是为了孩子好"的外衣下，完全不顾学生的内在需求和心理感受，把教育当作感化与惩治的大棒，一厢情愿地把相同的教育强加到不一样的学生身上，用同一把尺子去度量个性差异巨大的学生。

教育从本质上看，是要发展学生已有的东西，而不是将外在的东西强加给他。比如，学习的本能、创造的欲望，就是每个孩子与生俱来的。我们经常抱怨今天的孩子学习动力不足，创造力不够，其实在很大程度上是因为我们强加给孩子的东西太多，没有顺着孩子的天性让其感受学习的乐趣，没有鼓励他们施展才华。其实，教育应是一种成全，应能帮助孩子发现、发展他的潜能，以实现其个性充分、自由地发展。因为每个孩子都是独特的，因此这种成全就不能批量生产。

今天，世界各国越来越重视促进学生的内在发展，在学校教育中特别关注三个方面的内容：一是学生的全员化发展，即每个学生都重要，要关注每个学生；二是学生的个性化发展，即尊重学生不同的个性特征；三是学校的多样化发展，既包括学校的特色发展，为不同类型的学生选择适合他的学校提供可能，也包括学校课程的多样化，为不同学习程度和兴趣爱好的学生的个性化发展提供支持。

在以学生为中心的教育中，类似丰子恺漫画中描述的模式化生产的学校将越来越没有市场，类似做泥人的师傅这样的教师和家长也将越来越不受待见。赫伯特·斯宾塞（Herbert Spencer）说，硬塞知识的办法经常引起人对书籍的厌恶，这样就无法使人得到合理的教育所培养的那种自学能力，反而会使这种能力不断地退步。了解学生的心声，满足学生的需求，和学生一起共创个性化的学习，是教育应努力的方向。

善于研究的教师

在对区域教育水平的评价中，教师队伍中高一级学历的教师所占的比例是一项重要指标。就中学教师而言，取得大学本科学历是基本条件，高一级学历就是硕士及以上了。为什么评价者比较看重这一指标？这或许与具备研究能力的教师更容易成为好教师有关。

本科生和研究生的一个明显区别，或许就在于由接受知识转向创造知识。美国博士学位证书上有一段拉丁文，其内容是"恭喜你对人类的知识有所创新，因此授予你这个学位"。由接受知识转向创造知识的过程，也是养成做学问的习惯的过程。

有的教师走上工作岗位后，基本上是不做研究的。他们就像批发商一样，将自己知道的知识批发给学生。因为学生总是在流动，所以他们年年批发相同的内容，以不变应万变。为了应付评聘之类的事情，他们往往写一些经验总结类的文章混过去，或者通过网络七拼八凑，"造"出一篇连自己都感到好笑的文章来应付。因为最近这些年教学内容、教学方式等的变化不是很大，所以他们在学校里还是能应付过去的。

而那些有长远眼光的学校，通常会注重引进高学历、具有研究能力的教师。这样的教师有以下一些特点。

第一，比较注重对教学内容的研究。

这些教师知道，教材的编写通常由几个人来完成，由于编写者知识视野的关系，教材很难做到完美无缺，常有这样或者那样的知识漏洞；教材的编写周期很长，为了能够让教材多用几年，编写者经常选择一些较为基础的知识，而不太能兼顾学科的最新进展；教材中讲述的某一事件或者发现，其真实性一般没有问题，但其背后往往有可探究的地方，甚至在学术界常常有不同的观点……

有做学问习惯的教师，在遇到这些问题的时候，不由自主地就会做一番研究和思考，也会将自己的所思所想和学生分享。他可能对学生说："今天学习的这个学说，体现了人们认识的阶段性特征。目前的科学家已经有了新的发现，对其进行了修正……""书本上所说的这个观点，也有人从另一个角度来理解。这是一个还没有得到普遍认同的观点，我来说给大家听听……"教师的这种思考成为常态后，他的学生也会逐渐养成从不同的角度看待问题的习惯。

第二，比较重视对学生特点的研究。

这些教师知道，学习是学生自己的事情，如果不能提高学生自主学习的热情，教师纵有天大的本事也教不好学生。学生的时代特征也常被教师关注。泰戈尔说，不要用自己的学识限制孩子，因为他出生在与你不同的时代。这句话在今天更有现实意义，出生于信息时代的孩子们，生来就对数字化产品有亲近感，这是很多教师都自愧不如的。学习产生的条件也经常被教师研究。为什么教室里的不同学生对相同的教学内容，会产生不同的反应，最终导致学习成效的差异？……

具有研究能力的教师会发现，研究学生的认知规律，用科学的方式来施教，会达到事半功倍的效果。用心理学、教育学知识来看待学生的学习实际，教师的专业能力会得到极大提升。教师还会发现，并不是自己传递出去的信息都能进入学生的元认知系统。每个人的大脑都有一个自我系统，对各种感官接收的信息进行筛选，将其中98%左右的信息删掉，只让大约2%的信息进入元认知系统，从而保证大脑不被海量的信息淹没。而和谐的师生关系，是教师发出的信息被学生关注到、推送到元认知系统，促使学习行为发生的关键。

第三，比较强调对教学方法的研究。

这些教师知道，不同的学习内容，应该采用不同的方法来组织教学，才能够收到较好的效果。用同一种模式来统领不同知识的学习，既是一种强制，又不利于学生的自主发展。教师正确把握整体和局部的关系，正确把握知识结构和知识点的关系，在全局观下研究每部分学习内容，才有利于学生学科思维和学科学习方法的养成。

这些教师在实践中会特别留意知识之间的逻辑关系、学生的认知规律、学科的教学特点，并将这三者相结合，以设计教学的流程，促进学生在学习过程中高阶思维的形成，让学生获得探索知识的极大快乐。

怀着学者的研究热情，并以此来感染每一个学生，是具有研究能力的教师的特质。如果学校里这样的教师多一些，深化教育改革的目标就更容易实现。

教师要有重组教材的能力

在很长一段时间里，教师是知识的唯一来源，也是绝对的权威，教什么、如何教全由教师说了算。印刷术的出现，使得这一状况开始发生变化。随着图书的大量印刷和流通，教育主管部门开始编制课程方案，为各地的学校配送教材。相隔千里的学生，在教室里阅读相同的教材，学习同样的内容，了解同样的信息，用同样的试卷做测试。

这让教师在教室里的地位发生了变化。虽然教师仍在教室里上课，但掌控教学内容、教学进程、考试评价的不再是教师自己，而是统一配送的教材。教材在无形之中担任了裁定者的角色。如果教师讲述的内容与教材不一样，就会引起学生的质疑，甚至影响教师的威信。于是，教教材成了很多教师自然的选择。

问题是，严格地按照统一的教材来教学，会面临很多问题。一是教材自身的问题。教材的编写者总是非常努力地为学生提供最好的教材，但由于种种局限，最终呈现在学生面前的教材并不完美，有不少缺点。二是教师对教材的理解问题。正如一千个读者就有一千个哈姆雷特，每个教师对教材文本都有自己独特的解读，教师不能丧失自己的教学个性。三是学生的现有水平。一个班级的学生学习差异已经很大，不同学校、不同地区学生之间的学习差异更是巨大的，让所有学生在相同时间里学习相同的内容，参加相同的考试，教育者管理起来是方便了，但违背了因材施教的教学原则，也没有兼顾学生的个性发展。

高质量地开设国家课程，是保证教育目标有效落实的基本要求，但这并不意味着所有学生的学习内容、学习进程必须完全一致。根据课程标准的要求、学生的实际对教材进行增减、重组，让教学更能激发学生的兴趣，更能促进学生心智的成熟，是教师应该具备的教育能力。从"教教材"转变为"用教材教"，就是这种能力的具体体现。

教材的重组，不能随性而为，要有明确的目标指向。

第一，要促进学生高阶思维能力的形成。

人的一切活动都离不开思维，改善学生的思维品质、提升学生的思维能力一直是学校教育最重要的任务之一，这一任务就落实在具体的课堂教学活动中。学生在学习某一知识时，若能不断经历从"就事论事""就事论理"向"借题发挥"发展的过程，实现从具象思维向抽象思维的递进，他的思维品质就能持续得到改善，思维能力也会逐渐提升。依据学生身心发展的特点以及思维培养的要求，在全面把握教材内容的基础上，对教材进行重组，在不同层次思维递进的关键点为学生搭设脚手架，帮助学生拾级而上，就是教师要做的功课之一。

例如，初中数学教师组织学生学习相似三角形相似比，让学生知道将一大一小两个三角形重叠在一起形成的金字塔式结构以及对顶放置形成的"8"字形的结构，是三角形相似比中的两个基本模型，其中包含的比例关系是相似比学习过程中的基本关系。大多数相似比的问题，是两个基本模型的组合，只要分辨出试题中包含的两个基本模型，找到它们之间的联系，问题就可以迎刃而解。而高层次的问题则需要在所给图形中添加辅助线，让其回归到两个基本模型的组合，再用老方法解决新问题。这是一个思维递升的过程，教师只要理解了这一思维演进的逻辑，自然就会重组教材，为学生搭好思维晋级的阶梯。

第二，要促进探究式学习方式的养成。

学习的过程，就是不断地发现问题、解决问题并再次发现问题的循环往复的过程。在学习课本知识的过程中，学生会提出许多有价值的问题，教师对其中的一些问题进行深度追问和探究，有助于学生深刻理解问题，建立起知识之间的相互联系，提升学生理论联系实际的能力。这就要求教师明察秋毫，善于发现学生提问的价值，及时调整教学进度，依据学生所提问题重新组织学习内容，引导学生深入理解所学知识。很多教师在教学中采用专题学习、项目研究等方式，就一个话题持续展开一段时间的探索和思考，就是在促进学生的探究式学习，培养学生自主学习的习惯。

第三，要促进学生对结构化知识的理解。

在很长一段时间内，学科教学主要是知识记忆的教学。人们先后发明了黑板、电子白板，将各种动态的影像引入教学环节中，其根本目的还是帮助学生更好地记忆。但今天的社会发展日新月异，一个人穷其一生也无法记住所有新知识，以记忆为主的学习方式已经不能满足社会的需求，关注知识的内在结构，从联系的角度理解知识成为教学改革的关键。教师要具备重组教材的能力，要义之一就是要通过重组，为学生提供结构化的学习内容，强化知识之间的内在联系。

在深化教育综合改革的今天，一个具有教材重组能力的教师，更容易站稳讲台，成为学生喜欢的好教师。

学习中的共鸣

物体有其固有振动频率，在外界的迫使下振动时，如果外界策动力的频率与物体的固有振动频率相同，就会发生共振现象。发声体所产生的共振称之为共鸣。

在学习概念、知识时，共鸣是一种非常重要的学习策略。在学习某一知识之前，如果对这一知识已经有了一定的认识，通过看、听、触摸等多种方式体验过，当这一知识在正式教学环节出现时，自己已有的这些认识和体验就会与将要学习的这一知识点产生共鸣，从而促进人对这一知识的掌握。

举一个具体事例。小学低年级的孩子学习这样一句话："游轮停靠在黄浦江畔。"读到这句话的时候，生活在黄埔江畔的孩子头脑里立刻就会呈现出一幅画面，因为他们对这条江的情况、江上的各种轮船有非常直观的印象和亲身体验，这句话和他们已有的知识储备就产生了共鸣。还是这样一句话，让从小生长在山里的孩子学习，如果他们从来没有见过大江大河，不知道船是什么样子，他们的父母也没有向他们讲述过有关江河以及轮船的故事，那让他们理解这句话就会非常困难。他们不能理解游轮、黄浦江等词的含义，在他们的生活中也找不到对应的事物，游轮、黄浦江对他们来说完全是抽象、空洞的。一年有四季，这在我们看来是很自然的事情，而对生活在菲律宾、马来西亚等国家的孩子们来说，一年只有两季——雨季和旱季。

学习中的共鸣现象是从人出生后就开始的，并将陪伴人的一生。在孩子很小的时候，父母就会有意无意地向孩子传递一些数字的概念，如一只碗、两根筷子、三口人、四轮车、五角星……这些日常生活中的话语，让孩子对数字有了基础认知，当他走进数学课堂从数字开始学习的时候，他在家庭中接触过的有关数的概念就会不断地和新学习的知识产生共鸣，帮助他更好地理解数学概念。

相信大家都有这样的感受，在学校期间学习的很多知识，走上工作岗位后基本上遗忘了，留下来的东西很少。其中一个很重要的原因，就是所学知识大都是很抽象的概念，在现实生活中没有原型和它们对应，学生在学习这些知识的过程中很难和自己原有的生活经验产生共鸣。再加上这些知识平时在生活中运用得也不是很多，学了之后没有机会复习和巩固，被遗忘也就是必然的了。

学习的这一特点告诉我们，在学习某个新知识之前，创设适宜的情境是一个非常重要的教学环节。创设情境有两方面的作用：一是唤醒学生原有的生活记忆，调动学生大脑中储存的与所学知识相关的背景素材，促使学生已有的生活经验与新学习的知识产生共鸣；二是在课堂上给学生创设可以亲眼观察、亲自动手的体验时空，让学生身临其境，获得对某一知识或者某一现象的深刻体认。在此基础上，从学科思维的视角给出科学的解释或对概念的规范定义，帮助学生在学科知识和所创设的情境之间建立联系。

学习中的共鸣，从本质上讲是在两种知识体系之间建立起一种有效的联系和沟通，并努力实现两者的融会贯通。一个知识体系是个人的，是与个人的生活经历、生活环境直接相关，与个人的内心世界相联结的经验知识体系。另一个知识体系是属于全人类的，是把人认识的世界的整体形态，经大幅筛选，抽掉个人的特殊经验，留下那些被公认的基础材料，再经客观化、抽象化、系统化，甚至标准化的细密处理，编制而成的知识体系。这样的知识体系以教材和教学内容的形式呈现给我们，是一种高度抽象的知识体系。如果个人的知识体系不和人类的知识体系相联结，个体就很难知道自己所学的那些知识是不是科学的，也很难知道那些知识在学科体系中的方位，这不利于个体理解知识的作用和价值。学科高度抽象的知识如果不能和个体的生活经验联结起来，个体就很难理解它，更别说在什么场合下去运用它了。

共鸣也有两种情况：一种是学生已有相关知识的经验和储备，在学习这一知识的时候，让学生已有的经验和该知识产生共鸣；另一种是学生此前没有相关经验，在学习了某一知识之后，教师为他们创设亲身实践的机会，让他们通过现实的体验，感受知识在生活中的应用，产生对所学知识的共鸣。相比较而言，唤起已有经验是比较容易的，将抽象的知识还原到现实生活中去，让学生经由鲜活的生活经验来感悟知识的价值和魅力，则需要教师付出更多的努力。

物理环境的价值

　　谈到影响学习成效的因素时，我们立刻会想到教师、学生、学习内容（教材）等，其实，物理环境也是不容忽视的。有的学校或教室一走进去就给人一种清新的、催人奋进的感觉。有的学校或教室一眼望去就有那种冰冷的、让人感到压抑的气氛，在这样的环境中学习，效果可想而知。物理环境有着一种无声的力量，不仅影响学生对学校、班级的感受，还会影响他们的学习。

　　人通过各种感官获取信息，每时每刻都在接收大量信息。这些信息如果都被意识到，都由大脑进行有意识的处置，大脑就会崩溃掉。人脑的注意系统有一个非常重要的机制，就是滤除大量的、无关紧要的信息，让有用的信息进入有意识的响应系统。比如，你在看这篇文章的同时，你的衣服正接触你的皮肤，你正坐在椅子上，一杯茗茶的香味在空中扩散，电器发出轻微的嗡嗡声……但这些你可能都没意识到。人脑的注意系统会忽略这些物理或感觉信息，以处理面对的文字，或其他你认为更有用或更有吸引力的信息。

　　那么，什么样的信息是注意系统不太可能忽略的呢？是那些具有新异性的信息或者事件。在上课的过程中，如果出现了教学计划之外的事情，比如天气的突然变化、一个学生的异常反应、校园或教室里的突发事件，等等，就会让学生的注意力聚焦，从而打乱教师的教学进程。环境的新异性会触发大脑的觉醒和定向系统，即使教室环境中细微的变化也会在学生中引发疑问或评论。

新异性不仅对吸引注意力有积极作用，对记忆信息也有积极作用。平常总是在教室里上课的学生，如果被老师带到一个新的学习场所，比如实验室、校外基地等，学生通常都比较兴奋，学习热情也会更高，并因此而增强记忆。我刚从外地调到上海工作时，住所外每天呼啸而过的汽车轰鸣声，总是让我难以入睡。但过了一段时间，我适应了这样的环境之后，这些声音逐渐变成了背景音，我已经"听不到"了。学习上也是如此，长时间让学生在乏味、缺乏变化的环境中学习，他们就会失去对环境刺激的敏感性，转而去寻求对他们来说新异的刺激，学生不良的行为有的与此是有关联的。

经常变换教室的物理环境，让学生感受到学习的新异性，是促进学生提高学习成效的好途径。即使是在班级授课制的情况下，也可以通过有效的措施，来改善或者改变环境的物理状态。

比如，将教室里的窗户尽可能做得大一些，甚至可以做到落地窗的程度，为教室提供更加充分的自然光，让学生便捷地看到窗外的景致。一些学校的管理者认为这样的建议很荒唐，他们觉得外界的各种刺激都会干扰学生学习，恨不得将教室的窗户做得尽可能小、尽可能高。这样的学校管理者不清楚的是，自然光和人造光有很大差异，人在缺乏自然光照明的房间里生活或者学习，松果体合成褪黑素的活动会减弱，而这种激素对中枢神经系统有直接或间接的生理调节作用，可以改善睡眠质量。研究表明，在能够透过窗户看到外面景色的教室中，学生能够更好地将注意力转移到学习任务上，成绩要比在日光灯下学习提高至少20%。

尽量减少教室里的噪声，也是改善物理环境的有效举措之一。如今教室里教学辅助设备越来越多，这些设备产生的噪声，包括暖风机、空调、视听设备及电脑的噪声等，都会干扰学生。很多学生对这样的噪声非常敏感，这会让他们非常烦躁。努力降低噪声的分贝，让它不被学生注意到，是学校在教室物理环境建设方面要做的事。有的学校在教室里播放背景音乐，这么做需要具体问题具体分析。在执行例行任务（平日里一遍遍地重复做的事情）时，音乐有让人放松、安慰人甚至创造轻松氛围的作用；而在进行高级认知处理（具有创新特质的思考和活动）时，即使是轻松的音乐也会成为一种干扰。

经常变换教室座位，根据教学内容需要经常增添新的教学用具、实验设备等，也是让课堂环境具有新异性的常见做法。在这方面教师们都很有经验，就不多说了。

需要注意的是，新异性可以吸引注意力，但不能保持注意力。比如，教师在教室里张贴一张海报，在头几天或许能引起学生的兴趣和注意，但过了一段时间，它就成了教室里的背景信息，只会使环境变得更加混乱，而不能改善环境。教师在创造新异的物理环境的同时，还要及时处理那些已经过时的信息，不要让视觉环境固化，应根据学习内容不断改变教育的环境。

给学生一张学习地图

　　每当要去一个从未到过的地方，寻找特定的目标时，我们最希望拥有的一定是一张地图。地图上越是详细标明各种建筑设施的名称、各种类型的交通方式，我们越是感到安心，只要按图索骥，就可以到达目的地。在玩大型拼图游戏的时候，我们也有类似的需求。面对一堆散乱的图片，我们最希望知道的就是这个大型拼图完整的图形是什么。如果没有看过包装盒上面的完整图片，很多人就会感到茫然，不知道该如何下手。而如果给他们看一下图片，接下来的事情就变得简单多了。

　　想想看，学生的学习是否与此很相似？学生遇到的每一个新事物，要学习的每节课、每门课程，其实都是新问题、新环境。学生在学习的过程中会有很多的不适，会感到恐惧，此时他们最希望的就是能有一张地图，知道自己目前在什么地方，预期的目的地在哪里，自己和目标之间有多大的距离，经由哪些路径可以抵达目的地。但可惜的是，大多数教师在教学中的做法，是按照教材给定的知识内容的顺序来实施教学。学生今天学习这个内容，明天学习下一个内容，经常从一个主题直接跳跃到另一个主题，不知道这些知识之间的关联是什么，也不知道它们形成了怎样的知识结构或者说"学习地图"，所学知识在学习地图中有着怎样的地位、起着怎样的作用。因此，学生很可能会缺失这门课程的整体概念或"全局观"，不利于对所学知识的深入理解和记忆。

　　如果把学习比作一趟旅程，在旅行过程中教师和学生分别是怎样的角色呢？很多时候，教师充当了汽车司机，他把所有学生都装在车子里，想尽一切办法将他们从起点拉到终点。学生就像游客，坐在汽车里看着外面的景致一闪而过，根本没有时间搞清楚它们意味着什么，就已经来到了终点。很多游客回家之后对整个旅行过程没有什么印象，原因就在于此。他们出发前没有看过地图，没有做过路线规划，不清楚整个旅程的目的和意义，不了解景致美在哪里，因此他们经过一个个景物时，无动于衷，无法和这些景致产生共鸣，自然也就不会有仔细观察和了解的欲望了。如果学习是一趟旅程，学生就不应该做乘客，而应该去做司机，根据学习地图去规划行进路程，确定前行方向。当学生对学习目标和内容有比较清晰的认知时，他就能对自己的行为做出预判，并选择适合的路径向目标靠拢。一步步逼近目标的过程，也让学生和教师对学习进程有更多期待。

学习地图可以用多种形式来呈现。就某一节课来说，教学目标往往是比较清晰的，它就是学习的终点，教师需要帮助学生厘清他们具备的知识基础是什么，也就是起点在哪里，并明确从起点到终点需要完成哪些事情。这本身就是一个绘制学习地图的过程，这个学习地图可以通过概念图、逻辑关系图、表格、文字等多种形式呈现。我曾上过《高中物理》（人教社版教材）中的"太阳与行星间的引力"公开课，在课堂上花了一段较长的时间和学生一起讨论学习地图，明确学习的起点是开普勒三大定律、匀速圆周运动的知识以及牛顿运动定律，终点是万有引力定律，而要从起点到达终点，需要解决以下几个问题：第一，如何判断太阳与行星之间存在引力？第二，如果存在引力，遵循什么规律？第三，用匀速圆周运动的规律来表达引力的大小，需要做哪些简化处理？第四，如何根据开普勒三大定律推导出万有引力定律。只有学习的路径清晰了，学生学习的激情才能被激发起来。

一个单元、一个模块的学习地图，也可以通过上述方式呈现给学生。由于涉及的知识比较多，学生未知的知识也较多，而且不同学生掌握知识的状况也有较大差异，所以学习的路径往往是多元的。在这种情况下，学习地图就显得更加重要了。教师不仅要提前告诉学生单元、模块的学习地图，更需要针对学生不同的状况提供多元的学习素材，让不同需求的学生都能拾级而上。

在让学生获得学习地图时，要注重课前检测，让学生了解自己的学习基础；要明确学习目标，让学生将目标牢记在心中，并知道应该掌握什么，明白自己目前的知识量、技能与学习目标之间的距离；要注重过程评估，让学生始终对照学习地图了解自己的学习进展，关注阶段性任务的达成情况。

给学生一张地图，对培养学生的自主学习能力是很有意义的。

主景与配景

到风景优美的地方度假，让自己的身心得以放松，让美丽的景色滋润心田，是不少人的梦想。所谓风景，简单地说，就是由光对物的反映所显露出来的一种景象。能够被称为"风景"的景象，首先是不太常见的。要外出旅游寻觅美景，就是这一缘故。其次是形态鲜明，吸引人的眼球，令人回味。

◎ 主景与配景

风景主要由主景和配景两部分组成。主景就是风景中的主要事物，它可以是一幢建筑物、一幅人物的面部特写、一个标志性的景物，等等。而配景通常指图画、摄影里衬托主要事物的景物，以及舞台或者影视剧里的布景。配景的主要作用是渲染主景，对主景起支撑作用，凸显主景。

我们欣赏一处美景或者欣赏一幅画，很多时候总是被其主景吸引，不太会注意它的配景。比如，一谈起《蒙娜丽莎》，我们联想起来的就是她那独特的眼神和神秘的微笑，这幅画有没有配景，有什么样的配景，可能很多人都说不上来。

我们走进教室去观摩一堂课，其实也是在欣赏风景。教室里既有主景，也有配景，有时这种景象是固定的，在整个教学推进的过程中始终不会发生变化，让人一目了然。有时候这种景象是变化的，给人一种移步换景之感。

在传授式教学中，教师是主角，是风景中的主景，学生是配景。坐在课堂里听课的人，所能感受到的，只是教师的讲授，如果不是特别留意并提醒自己，通常是看不到学生的。如果你是一个听课者，始终被讲授者吸引而感受不到周围学生的存在，那么讲授者的眼中肯定也是没有学生的。

在讲练式教学中，讲的时候教师是主景，学生是配景；练的时候学生是主景，教师可能是主景，也可能是配景。这是一种有趣的课堂，主景和配景不时会发生变化，听课者不时也可以感受到学生的存在。

在自主学习的教学中，学生是主景、主角，教师是配景、衬托。坐在这样的教室里听课，你时时会被学生精彩的表现吸引，有时还会融入学生的情绪中，顺着学生的思维联想，对知识产生新的认识和感悟。学生就是教师，教师就是学生，师生充分互动将思维推向一个更高的层级。

○ 学生应成为教室风景中的主景

我们不去游览黄山，黄山的美景依然是存在的。同样，我们不去教室里观课，教室里的景象也是始终存在的。当然，教室里的景象与自然景观不同，它是人为创造出来的，教师的价值判断在其中发挥重要的作用。

相信孩子可以被教会的教师，通常会将自己放在教室里主景的位置上，努力树立自己在教室里的权威。他们过度相信自己对学科知识的理解水平，以为只要将学科知识的逻辑关系理顺，由浅入深地逐渐推演，学生就能够掌握所教的知识，所以不去了解学生对学习的心理准备，结果常常带来挫败感。这样的教师，时不时就发出这样的抱怨，说自己精心准备了一堂课，但听课的学生积极性不高，只有不到一半的学生认真在学，其他学生纯粹是为了获得学分。抱怨之余，他们还要求对这些学生加强管理。

长期以来，由于教育资源匮乏，大班额的教室和课堂，成为教学的一种常态。在班级人数很多的情况下，教师无法因材施教，于是教师成了课堂的主景。在这样的环境里，教师慢慢形成了一种教学价值观——"我的地盘我做主"，在不知不觉中就施行了一种威权式教学和管理方式。

　　相信孩子要通过努力才能学会的教师，有时会将自己放在教室主景的位置上，更多的时候则是让自己成为学生学习的配景。他们清晰地认识到，外因要通过内因才能发挥作用，如果孩子自己没有学习兴趣和愿望，教师再怎么努力也是徒劳。近年来，有不少教师和学校在以学生学习为核心的课堂教学方面做出了有益的探索，涌现出不少鲜活的案例。这些案例告诉我们，当我们相信学生，相信他有能力完成具有挑战性的学习任务时，学生在学习中的表现往往比我们预想的更加优秀。

　　教师们在实践中还充分体会到，当学生对学习有兴趣的时候，教学自然也是有序的，不需要用额外的纪律来加以约束。教师用各种控制的方式来管理学生，或许可以让教学计划得以顺利完成，让教学进度得到保障，但如果没有学生的主动参与，如果剥夺了学生表达自己思想的权利，要让学生从心底里认同学习是非常困难的。

　　教师应该多做配景，经常让学生成为教室风景中的主景。

一次始于槐花的深究

讲一个我担任校长期间亲历的教学故事。

有一年9月29日那天，我去听一节语文课，老师讲郁达夫《故都的秋》。课文中有这样一段话：

北国的槐树，也是一种能使人联想起秋来的点缀。像花而又不是花的那一种落蕊，早晨起来，会铺得满地。脚踏上去，声音也没有，气味也没有，只能感出一点点极微细极柔软的触觉。扫街的在树影下一阵扫后，灰土上留下来的一条条扫帚的丝纹，看起来既觉得细腻，又觉得清闲，潜意识下并且还觉得有点儿落寞，古人所说的梧桐一叶而天下知秋的遥想，大约也就在这些深沉的地方。

这段话，教师讲了整整一节课。

教师先引导学生分析这段文字中四句话之间的几种层次关系，然后赏析了作者从听觉、嗅觉、触觉、视觉等方面进行的多角度描述，揭示作者当时的心境，并由此对比黛玉葬花时的心境，进行比较学习。教师又让学生从一年四季的生命的历程，以及人的感受的角度，来体会作者当时的心境。

课堂的氛围是很活跃的，学生踊跃发言，对话也相当精彩。教师在讲"落蕊"一词时是这样解释的："槐树秋天的花瓣。"整个教学也是以此为基点展开的。这引发了我的一些思考：

第一，槐树有几种？

第二，槐树几月份开花？

第三，在北京，带有一点儿凄凉的秋，应该在几月份？

第四，《故都的秋》所在的教学单元的主题是什么？

槐树品种很多，常见的洋槐，也叫刺槐，每年四五月份开花；而国槐一般每年6—8月份开花。北京一年中最美好的季节应该就是秋天了，在北京，带点儿凄凉韵味的秋天，应该在11月份及以后的一段时间。这个时候，槐树不仅没有槐花，连树叶也基本上都掉光了，只有干干的槐豆荚还挂在树梢上。我认为，郁达夫这段话，整个都是联想与想象，想到了槐树，想到了槐花飘落的景象。《故都的秋》作为课本中"联想与想象"单元的第一课，不正说明了这一点吗？

如果是这样，那么教师在课堂上的一些解释就出现了问题。首先，花蕊不是在深秋季节飘落，那么读者无法将"落寞"的心情和季节对应起来。其次，将联想与想象，当成了写实性的描述……

我将自己的这些想法和教师进行交流，他们不太能接受。正好，有两个教师国庆节要去北京旅游，当时我就叮嘱他们，到北京别忘了拍儿张北国的槐花照片回来。

那两个教师从北京回来，自然没有拍到槐花的照片。于是我感受到了变化，大家对文本的研读热情更加高涨了。

第二年的五一期间，我应邀到山东讲学，接待方邀请我爬泰山。到了中天门的时候，我被眼前整片的槐树林吸引住了。漫山遍野的刺槐花扑面而来，让我非常兴奋，在那里拍了很多照片。

回来后，我将这些照片拷贝了一份，送给语文组的教师。一位教师看了照片后惊叹地说："啊，这就是槐花啊？"这引起了我的警觉，每个教师的办公桌上都有电脑，只要一点击就可以上网查找资料进行研究，但有关《故都的秋》这篇文章中槐花问题的讨论，显然并没有深入下去。

于是我自己上网去查阅，发现有关这一课的教学设计和教案非常多，而且基本上都将郁达夫的那段话作为一节课的内容来教学。在不少教案中，"落蕊"已经被改成了"秋蕊"，让槐树在北京深秋季节开花了。看来，这不是哪所学校教师的问题，而是一个共性的问题。今天的教师，备课的方式和以前有很大的不同，准备一节课的时候，只要在网络上搜索一下，各种教学设计和详细的教案就都有了。这固然给自己带来了很大的便利，但也有一个不可忽视的缺点，就是缺少独立思考，会被别人的思路牵着走。如果他人在某方面存在理解上的偏差，这种偏差就会因此而被放大。

看上去非常熟悉的文本，如果仔细深究，依然是可以发现很多问题的。比如，郁达夫所说的槐树，究竟是刺槐还是国槐，就很少有教师对此进行考证。当我告诉老师们《故都的秋》里描述的是国槐花时，他们还有点儿不敢相信。其实，刺槐的花和国槐有很大不同，国槐的花像一粒粒小米，正是郁达夫描述的"像花而又不是花的那一种落蕊"。北京的槐树，确实也是以国槐为多。

教学在某种程度上就像探宝一样，是一个不断发现、不断带来惊喜的旅程。在深入钻研课文的过程中，有了新的发现；在与学生共同学习的过程中，有了新的感悟……教师正是这样成长起来的。教师一定要加强学习，不断拓展自己的知识视野，不断丰富自己的实践经验，培养独立思考的意识和能力，以便在这个快速变化的世界上站稳讲台。

用事实说话

网友"桃桃的妈妈"在博客中讲述了孩子在语文课上的事,内容如下。

老师在讲《乌鸦喝水》课文时问了一个问题:"如果乌鸦的周围没有小石子,它用什么办法才能喝到水?"桃桃想的办法是:往瓶子里装沙子。他说以前做过这个实验,沙子放在水里会沉下去。老师问同学们这个办法行吗,大家都说不行,因为这样会把水弄脏。桃桃听了以后灰溜溜地坐下了,老师没有做评论,接着叫下一个同学回答。

中午吃饭的时候,妈妈问桃桃,知不知道为什么往瓶子里装沙子不行,桃桃说会把水弄脏。妈妈对桃桃说,回家后我们两个一起做一个实验吧。

妈妈买好了做实验用的小瓶子,等桃桃回到家后就一起做起了实验,倒上一点儿水,然后把沙子往瓶子里装。果然瓶子里的水开始变浑浊。随着沙子越放越多,水渗到沙子里几乎不见了。这下桃桃明白了,这么做不仅水会变脏,而且会渗到沙子里,就一点儿都喝不到了。

实验过后,桃桃一点儿也没有在课堂上灰溜溜地坐下那种感觉了,反而特别开心,仿佛发现了新大陆。妈妈也很开心,通过跟孩子一起做实验,让孩子明白了一个道理。

读这个故事,我有几点感受。

第一,消除孩子学习上的从众心理。

从众是指个人受到外界人群行为的影响，而在自己的知觉、判断、认识上表现得符合公众舆论。桃桃提出要往瓶子里装沙子，这是根据自己以前做过的实验想出的办法，但遭到了同学们的反对，他们认为这样会把水弄脏。教师不加评论，更让桃桃觉得"把水弄脏"的说法是正确的。

很多时候，从众，一方面可以快速地对自己的想法或者行为做出判断，另一方面可以起到保护自己的作用。

桃桃从众，可能出自对班集体和老师的信任。正是这样的信任，让他觉得大家的话是正确的。信任是开展学习的基础，怀疑则是提升孩子创新能力的关键。一个人如果只有信任没有怀疑，就有可能失去自我，人云亦云。桃桃的妈妈读出了孩子情绪背后的"怀疑"，因此有了后面的亲身实验。

第二，帮助孩子顺应知识。

自己的想法没有被同学和老师接纳，自然让桃桃感到有点儿"灰溜溜的"。桃桃妈妈是一个非常细心的人，她没有对这件事情做出判断，而是带着孩子亲自去做做看。实验结果表明，水变脏了，而且被沙子吸收了很多，到后来瓶中那少量的水不见了。

在学习过程中，如果知识是全新的，或者和自己原有的知识相一致，孩子就会像汲取养料那样将新知识纳入自己的认知体系中来；如果新知识和自己原有的知识不一致，产生了矛盾，他要么不接受，要么就要对自己原有的知识进行重新建构。重新建构以便让新知识进入自己的认知结构的过程，就是皮亚杰所说的"顺应"。顺应是一件痛苦的事情，因为要否定自己过去的认知。这对母子所做的实验，实际上是对孩子顺应过程的一种强化和助推，母亲利用实验事实让孩子明白了大家在课堂上说的话是正确的。于是，孩子释然了，新知识也在观察实验事实的过程中得到了构建。

第三，培养质疑的精神和态度。

关于《乌鸦喝水》这篇课文，展开联想：如果在瓶子周围能找到干净、潮湿（不会再吸水）的沙子，也能找到小石子，用哪种方式能够让乌鸦喝到水呢？

在水不多的情况下，往瓶子里装小石子，小石子慢慢地会填到瓶口处，但水位不会一直上升，因为小石子之间的空隙还是很大的。有人做了实验，用一个直筒形的瓶子，当瓶中的水量超过瓶子容积的一半时，往里面加小石子，可以使水位不断上升，直达瓶口；当瓶中的水量低于瓶子容积的一半时，即便把小石子加满瓶子，水位也到不了瓶口。

沙子就是更小的小石子。用干净、潮湿的沙子是否更有可能让乌鸦喝到水呢？让孩子们再次做做看，或许他们的兴趣会更加浓厚。

教育的新鲜度

偶尔回忆自己教过的学生，在我脑海里出现次数最多的，常常是自己所带的第一届学生，以及换了学校后第一年任教班级的学生。这看上去很自然，但如果仔细思考，就会带给我们别样的启示。

教师是一个需要不断积累经验、逐渐提升专业素养的职业。家长获知自己的孩子由一个有经验的教师任教，一般会感到很宽慰，因为这样的教师能够给家长带来安全感。一个初出茅庐的新教师是比较缺乏教育教学经验的，从常理上看家长和学生不会太信任他。这会给他开展教育教学工作带来一定的困难。然而，多数教师，都对自己所带的第一届学生印象深刻，他们毕业之后师生来往也比较密切。

为什么会这样呢？无论是任职初期的新教师，还是刚从别的学校调过来的教师，抑或是教授一门新学科的教师，初任课时都会有一定程度的紧张感。即使他做了充足的准备，但由于是第一次任教，或者教育内容、教育对象、教育环境发生了变化，还是让他有诸多不适应，这种不适应会被敏感的学生捕捉到，会让学生觉得很新鲜。"新鲜度"对学生往往具有关键性的影响。

因为有紧张感，教师会特别关注学生对自己教学情况的反馈。在课堂教学的过程中，教师会非常用心地去感知学生发出来的关于教学现状的反馈信号，并通过及时调整教学节奏来告诉自己收到了这些信号。教师的这种紧张情绪，往往会传染给学生。他们之间共有的这种紧张气氛，使双方产生一种同舟共济的"革命情感"。这不仅提升了学生在学习过程中的参与感，也连带使得学生对这一经历印象特别深刻。

在一所学校工作时间长了，积累了比较丰富的经验，教师的自信心逐渐提升。面对一轮又一轮的新学生，教师基本上没有了紧张感，也不需要在课堂上紧张地捕捉学生的即时反馈，所以和学生之间的即时互动会比新教师少。同时，自己丰富的教学经验也会给学生带来更多的安全感，让学生对教师非常放心。这种放心引发的一种结果就是学生课堂学习的参与度降低，他们会等教师来"表演"。就像我们到餐厅里等厨艺精湛的厨师给我们做菜，因为厨师是"权威"的一方，我们没有发言权，所以只有等待的份儿，不会参与到食物的制作中。我们可能会到这家餐厅吃很多次自己喜欢的饭菜，但这对提升自己的厨艺帮助很少。

由此可见，教师始终保持教育的新鲜度，对教育教学有很重要的影响。

第一，教学是否有效，既取决于教师的专业素养，更取决于学生的参与度。一般来说，教学影响只有通过学生的积极参与才能转化为学生内在的精神财富。学习是学生自己的事情，只有让学生主动参与到教学活动中，学习才有可能发生。课堂不是教师展现自身学术素养的舞台，而是激发学生的兴趣、引发他们积极参与学习的场所。要让学生不做看客和听众，成为学习的主体，保持教育教学过程的新鲜度就很重要。

第二，保持教育的新鲜度，并非提倡教师的授课技巧要"菜"一些。初出茅庐的菜鸟教师，是通过自己的紧张感让学生感受到新鲜的。如果教了一段时间后，学生仍能感受到这种紧张感，就会对教师的能力表示怀疑。一个教师如果不能够让学生感受到他丰富的学识和严谨的治学态度，是很难让学生认同的。

保持教育的新鲜度，有很多种途径可以实现。比如，变换教学方式，针对不同的学习内容采取不同的教学方式；在生活和学科知识之间建立密切的联系，会让教育变得非常鲜活；进行学习方式的变革和学习内容的模块化处理，给学生提供研究问题的不同视角，让学生感受"我的学习我做主"……

第三，保持教育的新鲜度，教师需要养成良好的学习习惯。教师要始终保持一种警觉，即自己的专业能力还有待加强，需要用心学习，全身心地投入教育实践中，以便提升自己的专业水平。一旦学生感受到"老师也在和我们一起成长"，便有望在课堂上营造出热烈的学习气氛，师生之间也会构建出一种教学相长的友情关系。于漪老师说："一辈子做教师，一辈子学做教师。"就有这样的内涵在其中。

换一个角度看，人在学习新事物的时候，似乎特别能促进体内细胞的活化，并提高新陈代谢的效率。对教师来说，养成良好的学习习惯，也是提升自身新鲜度，保持心态年轻的有效途径。

创造性与课堂教学

在促进普通高中多样化、特色化发展的过程中，创新实验班、创新实验室的建设成为热点之一。对此，无论社会层面还是学校层面都存在文化上的误解。比如，认为创造性、创新性思维和问题解决技能只有天赋异禀的人才拥有。基于这种误解，人们很自然地就将目光聚焦到那些省市级的实验性、示范性高中上，认为这些学校生源质量好，学生智商比较高，纷纷想让自己的孩子进入其中。这些实验性、示范性高中则更进一步，还要从已经录取的学生中再进行选拔，以便找到那些天赋异禀的人。

其实天赋异禀的人在每所学校、每个时期可能都有。那么为什么还会有"钱学森之问"呢？我们可以从学生成长的最基础的环境——课堂去找寻问题的根源。

按照布卢姆教育目标分类法，认知领域的教育目标可以分为知道、领会、应用、分析、综合和评价六个层级。其中，前三个层级的目标与低阶思维相呼应，后三个层级的目标与高阶思维相呼应。学生在进入课堂学习时，并非白板一块，有些学习内容他们是知道的、领会的、可以应用的。我们一直说备课要备两头，备教材，明确教学重点；备学生，把握教学难点。但很少有教师在备课时，会对学生的基本状况进行前测，他们基本上都是在"目中无人"的情况下设计教学流程的。因为不了解学生，自然担心学生可能听不懂，所以就会在知道、领会、应用等层级与低阶思维相关的认知目标的达成上花费大量的时间和精力。而那些与高阶思维相呼应的认知目标，最需要学生花时间通过亲身实践去体验和感悟，但课堂上分配在这些认知目标上的学习时间太少。课堂教学的这一弊端，似乎可以从一个侧面回答"钱学森之问"。如果这一弊端不能得到有效解决，无论通过怎样的选拔找到所谓的高智商、天赋异禀的学生，都很难培养出具有创新潜质的人才。

翻转课堂是解决上述课堂教学弊端的一个途径。它特别强调学生的前置学习，借助信息化的手段来统计和分析学生课前知识的掌握情况，帮助教师明了学情，知道什么内容该在课堂上讲授，什么内容需要针对学生个别辅导，什么内容根本不需要讲。这样，在课堂上就可以节约大量时间，让学生将主要精力用于与高阶思维相关的认知目标的达成。

为适应课堂变革的需要，教师需要改变和调整教学习惯和教学方式等。首先，要改变总是对着班级里所有学生讲相同内容的教学方式。不同学生面临的学习困难和问题是不一样的，他们需要的指导和帮助也有很大的差异，教师要善于"弹钢琴"[1]，共性的问题集体讨论解决，个性的问题通过小组学习、个别辅导、同伴互助等方式来解决。其次，要改变求同思维的教学习惯，不能总是要求学生发现唯一正确的解决方案，要让学生明白条条道路通罗马，那些看似笨拙的解决方案背后，往往隐含着学生独特的思维方式和特点。再次，要改变教师讲、学生听的课堂教学组织形式，让更多学生能够有即兴演讲、现场表演、思维碰撞的机会。课堂上的这些创造性任务能够提高学生的认知水平。

当然，更为重要的是，要让学生熟练掌握、透彻理解学科的核心知识。在遇到紧急情况时，老司机比新司机往往能更快地做出决策，并运用经验来化解难题，一个很重要的因素，就是老司机对驾驶技术等"核心知识"非常熟悉。美国钢琴演奏家基恩去参加一场深夜即兴爵士音乐会，临开场试弹钢琴时才发现组织方提供的钢琴音调不准，中间的几个

---

[1] 弹钢琴，是指善于处理中心工作和其他工作的关系。

黑色琴键是坏的，踏板也很卡。面对这样的情况，基恩第一个想法就是放弃演奏，但1400名观众在等着他。他只能根据这架钢琴的特点来设计演奏方式，没想到，当他按下琴键的一刻，奇迹产生了，他把这场音乐会变成了一个传奇，现场钢琴独奏的唱片取得了350万张销量的辉煌业绩。解决问题一般是建立在特定领域扎实的知识基础之上的。这里的知识基础不但是熟记学科概念、规律和原理，还包括灵活使用学科专业知识，加工、理解和整合信息，以及在新异情境下灵活运用信息。让·皮亚杰说，学校教育的基本目标应该是培养出能发明新鲜事物的男人和女人，他们应该具有创造性，善于发明和发现，而不是仅仅重复前人所为；同时，他们应该具有批判性和怀疑精神，而不是全盘接受所学的知识。只要改变课堂，每个学生的创造潜质都有可能被激发出来。

叶丽雯的教学秘诀

这几年，如何给学生更多自由支配的时间，同时让学生有优异的学业表现，成为社会各界讨论的热点之一。

要达到这样的教学效果并不容易，但在上海市虹口区曲阳第三小学数学教师叶丽雯的教学中，这已经不再是问题了。在过去的九年时间里，她坚持大循环的数学教学，每带一个班级，都坚持从一年级开始带完整个学段；坚持跨年级带班，同时上两个不同年级的数学课；坚持不给学生布置家庭作业，课后给学生留出可自由支配的时间……作为学校的教导处副主任，虽然有不少教学管理上的事情，但她始终保持数学教学的高质量。她的秘诀在哪里？

第一，深入了解学生。

教师备课的基本要求是"备两头"：备教材和教学内容，把握教学的重点；备学生的认知特点和学习特征，确定教学的难点。但在具体实施过程中，教师往往在教材和教学内容上花费了大量时间，在研究学生方面花费的精力不够，从而导致教学上的"目中无人"。

叶丽雯在深入了解学生方面下了很大功夫，每个班级都从小学一年级接手并一直带到毕业，用五年的时间来观察和研究学生身心成长的规律，以及他们的认知特点；跨年级带班，又给她提供了不同年级学生思维特征、学习习惯即时比较的机会，帮助她从细微之处把握学生的特征，找准教学的最佳切入点；长时间的循循善诱，让师生之间建立起了和谐的信任关系……这些都为叶老师的课堂教学奠定了扎实的基础。

第二，提高教学效益。

学生回家不用做作业，依然能够保持优质的教学质量。叶丽雯说："无非就是吃透教材，精讲精练，充分利用课堂上的 35 分钟，高效教学。"在这平凡、朴实的话语背后，是叶丽雯的辛勤付出。

为了吃透教材，除了对课程标准、教学内容等深入研究，找寻学生最容易接受的教学方式和途径之外，叶丽雯还采取了一种自我加压的方式，即跨年级授课。这是一件非常辛苦的工作，但同时也让她用很短的时间将五年的教学内容教一轮，强化自己数学教学的全局意识，帮助自己更好地把握各个年级的数学教材和教学内容。

精讲精练，源于她对教学内容和学生已有基础的充分把握。在教学过程中她敢于做出更多取舍，不是根据教材规定的学习内容按部就班地开展学习，而是根据学生学习的实际重组和调整学习内容，让课堂教学更加贴近学生的需求。

高效教学，最为重要的是激发学生对数学学科的热爱和兴趣，帮助学生养成自主学习的良好习惯。学生有了兴趣，课后不用教师布置作业，也会自己找一些书、资料去探究。学生有了良好的学习习惯，教师再给他们布置作业反倒是多余的。

第三，巧妙处置作业。

不留家庭作业的叶丽雯，并非不给学生布置作业，只不过她布置的作业都是在学校里完成的。叶老师对作业的处置有两点值得我们注意。

不少老师总觉得每节课时间不够用，自己还有很多话没有说完就下课了，所以要给学生布置家庭作业，让他们回家之后巩固练习。但经常出现这样的情况，学生在课堂上似乎听明白的学习内容，回家之后就迷糊了，身边又没有老师、同学可以辅导和帮助，只能自己稀里糊涂地完成作业，不仅花费时间长，效果也不好。叶老师安排学生在学校里完成作业，学生有不懂的地方可以问老师，更可以寻求同伴的帮助，以及时巩固所学内容。这是第一点值得我们注意的地方。

第二点是叶老师的作业单。为了帮助学生更好地理解知识,她每周给学生一张自己编写的 A4 纸大小的作业单,上面大约有 30 道题,分为计算、判断、应用等多种题型,图文并茂,甚至融入了卡通画,要求学生在学校里完成。为了研制每周一张的作业单,叶丽雯没少花费功夫。每天下班后,她要用大量时间去研究各类教学参考资料上的数学问题,为设计每个学习阶段的作业单做准备。最为难得的是,她善于利用艾宾浩斯遗忘曲线来编制作业单,在每张作业单上都放入很多旧的知识点,"学生在学新知识的同时,也在不停重复旧的知识,温故而知新,这样,不管什么时候检查,学生都不怕"。

上述这些,能称为秘诀吗?叶丽雯轻负担、高效益的教学实践告诉我们,每个教师都可以让自己的教学走上"减负增效"之路,关键在于我们是否愿意去做,是否愿意改变自己。

"开枪要瞄准"

佐藤学的《静悄悄的革命：课堂改变，学校就会改变》一书，向读者展现了一幅通过改变课堂，来改变学生和学校的教育面貌的生动画面。在佐藤学看来，教育改革最终必定是在课堂上发生的。要想改变一所学校的面貌，其逻辑起点就在学校的每一间教室里。只有洞悉每一间教室正在发生的事情，指导教师向希望发生的事情方向静悄悄地改变，学校的改变才有可能。

正是因为如此，建设"润泽的教室"就显得非常重要。"润泽的教室"的核心标志是学生和学生之间、学生和教师之间有和谐的关系，学生在这里会有一种情感上的安全感，无论说什么、做什么，都能得到理解和尊重，不会被他人讥讽、嘲笑，甚至孤立对待。

怎样创设"润泽的教室"呢？佐藤学的密码之一是"应对"。应对是个体和个体之间相互的思维碰撞，既包括老师与学生之间的、学生与学生之间的，还包括与教材内容之间的；既包括有声的，也包括无声的。应对的第一要义是倾听，倾听每一个学生有声的和无声的语言。教师在与学生对话的过程中，要竭力以自己的身体语言和情感去与学生的身体动作和起伏的情感共振。第二个密码是围绕教学内容，让学生在"活动的、合作的、反思的"学习方式中体验到所处的安全无忧的学习环境，能够放松身心投身到具有挑战性的学习活动之中并乐此不疲。脑科学的研究表明，游戏、运动和阅读是促进大脑不断生长、促使脑神经链接回路不断生成和壮大的法宝，学习活动的设计与这些都有关。与学科知识的学习相比，学生通过与周围环境、同伴和老师之间互动交流而引发的隐性学习，对学生的成长作用更大。因此，合作自然成为学习方式的不二选择。学习是一个不断建构的过程，通过对自己学习过程的不断反省、概括和抽象，人们对事物的认识会越来越清晰，越来越深化。就像我们去一个城市，刚开始两眼一抹黑，经过一段时间的了解，对这个城市的认识就会逐渐明晰起来。

这让我联想到当下的课程改革。

自新课程教学改革启动以来，已经走过二十多个年头，新课改提出的"合作、自主、探究"的学习方式，大多数人耳熟能详。很多教师将小组学习引入课堂教学，以体现"合作"的学习方式；很多教师给学生留出了一定的时间，以便让学生"自主"学习；很多教师精心设计实践活动，让学生体验"探究"过程。但新课改推进十多年后所进行的大样本调查显示，在教师对新课改的总体评价中，表示"很满意"的仅为3.3%，表示"满意"的也只有21.3%。换句话说，75%以上的教师，对新课改是不太满意，甚至是很不满意的。

这是为什么呢？一个很重要的原因，就是"开枪不瞄准"，或者说"开枪瞄不准"，花费了不少心血，但是收效甚微。

如果把合作、自主、探究的新课改理念比作枪的话，这枪是专家的，不是一线教师的。要让教师学会使用这把枪，最基本的方法就是专家告诉教师操作的要领，并让教师通过实践反复进行操练，直到熟练使用为止。然而，现实情况并非如此。教师接受的培训不能说少，但绝大多数培训都是理念式引领，讲的都是这杆枪如何好、效率如何高之类的，怎样将理念转化为课堂一线的教学行为，在这中间会遇到哪些困难，相应的对策是什么，却很少告诉教师，而基于课堂一线的实践性培训更是少之又少。很多教师听讲座的时候热血沸腾，回到工作的场所却不知道该如何去实施。久而久之，对这样的培训也就失去兴趣了。

因为培训不到位，教师在实践的过程中自然就很难瞄准。这里讲两个我听课的案例。

有一位教师开设了文学作品赏读方面的拓展课。据这位教师介绍，在前面的几节课中，学生阅读了某位著名作家的作品。教师在指导学生阅读的过程中，提出了几个问题，让学生边阅读边思考。这节展示课针对这些问题展开讨论。在上课过程中，我特别注意到了两个现象。一是关于学生分组的。学生被分成了6个小组，有一个女学生孤零零地坐在那里，没有参加任何小组。在同学讨论的过程中，她基本上没有参与，偶尔还拿出一本和本节课完全无关的书翻阅。二是要讨论的这部名著老师手里只有可怜的几本，学生手边基本上没有什么和本节课的讨论相关的资料，有一个小组的学生桌面非常干净，既没有书也没有纸片，学生当然也没有拿出笔来，因为没有地方可以书写。

学生分组需要教师指导，以期达到最好的教育效果。学生到教室里是来学习的，应该将相关的学习资料准备齐全。公开课上出现上述情况，反映的是教师平时对学生的要求。教师自己也没有意识到课堂上应该关注学生在做些什么，在想些什么。虽然在上课过程中，他安排了很多学生发言和交流，但这些安排都是为了实现他预先设计的教学流程，学生只是充当了他表演的道具，他的眼中并没有学生，他的教学显然是"开枪不瞄准"。课后询问他如何解释学生的课前准备和课堂行为时，他一下子愣住了，问道："有这样的现象发生吗？"

还有一次，我去一所小学听探究课。在小组分工环节，每个小组都这样介绍：××和××负责思考，××负责记录，××负责发言，××负责小组的组织（组长）……看来教师肯定为此做过特别布置。

听完学生的介绍，我感到非常惊讶。负责记录的人不用思考，负责思考的人不管发言，小组长则既不负责思考，也不负责记录，更不负责发言。这样的小组分工方式，完全违背了小组学习的本意，是一种典型的"开枪瞄不准"，只追求形式，不关注实质。

在促进教育内涵发展、深化课程教学改革的今天，将"开枪瞄准"的事情做好，显得更加迫切和重要！

由一张运动会日程表想到的

《中华人民共和国体育法》规定："国家实行青少年和学校体育活动促进计划，健全青少年和学校体育工作制度，培育、增强青少年体育健身意识，推动青少年和学校体育活动的开展和普及，促进青少年身心健康和体魄强健。"这让我想起了近90年前上海市澄衷高级中学举办的学校体育运动会的日程表。

这份近90年前对折四页、铅印的，18cm×19cm大小的日程表将运动会的举办者、时间、宗旨、仪式、运动项目等描述得非常清晰。今日看来，依然能给我们带来很多的感动和思考。

○ 启示之一：运动会的宗旨

日程表上列的运动会宗旨是："将平时的成绩，请大家来批评；但求体育普及，不计纪录的高低。"

运动会是追求更高、更快、更强，让大多数学生做观众观看少数有运动特长的学生的飒爽英姿，还是追求体育活动的普及，让每个人都成为体育活动的积极参与者，通过锻炼来强身健体？这两种选择反映着学校对待体育的价值取向。

日程表上列举了39个项目，大体上可以分为三大类：一是体操和舞蹈类，包括劳工舞、队列变换、丹麦操、菲律宾舞、器械操、水神仙舞、燕青拳、仿效操、健身球体操与游戏、国防游戏、工力拳、节拳、钓手体操、推小车游戏，等等。二是田径运动，包括推铅球、50米跑、100米跑、200米跑、800米跑、1500米跑、800米接力跑、80米跨栏、垫上运动、跳远、跳高、双杠、跳箱、敏捷训练、三级跳远，等等。三是群体性体育活动展示，包括所有学生的八段锦会操（1500人）、小学高年级组的太极拳、中学全体的国术（脱战拳）、中学全体的大众徒手叠罗汉（包括中山精神、飞来峰、风车、众山皆应等）。

这些项目不仅包含了竞技体育的项目，更多的是全体师生都可以参与的项目和游戏。当人人都成为参与者的时候，还用通过发文的方式要求每天锻炼一小时吗？

古往今来，无论是希腊哲学，还是儒家哲学，都很注重训练体魄。大多数诺贝尔奖获得者取得成果的年龄在40岁左右，与这个年龄段的人有良好的体魄有关。强化体育课和课外锻炼，不仅能增强个人体质，也能实现民族振兴。

◎ 启示之二：学校组织架构

当年的澄衷高级中学设立有体育部、教育部、训育部三个中层组织机构，它们直接受校长领导。学校将体育、德育、智育并列，真正践行了德智体全面发展，凸显了体育的育人地位和作用。今天，很多学校的体育组是在教导处的领导下工作的，有的学校连体育组办公的地方都安排在体育场周边，远离学校管理中心，这无形中进一步削弱了体育的地位。

◎ 启示之三：体育评价标准

当时，澄衷高级中学对学生体育成绩的考查，分为四大项：体操30%，田径40%，体格15%，品行15%。每一大项又有细分。如体格重点考查学生的胸围、握力、肺活量、体态；品行包括诚实、忠孝、助人、仁爱、礼节、公平、服从、快乐、勤俭、勇敢、清洁、公德等。体育成绩不合格，不能升学或者毕业。

评价标准的严格执行，对学生有很好的督促作用。胡适在《四十自述》[①]中有较大篇幅回忆他在澄衷学堂的学习和生活，也说到了体育："我小时身体多病，出门之后，逐渐强健。重要的原因我想是因为我在梅溪和澄衷两年半之中从来不曾缺一点钟体操的功课。我从没有加入竞赛的运动，但我上体操的课，总很用力气做种种体操。"

◎ 启示之四：社会参与程度

从澄衷的校史资料中，我查阅到：1912 年的运动会，来宾 2000 余人；1913 年的运动会，来宾约 4000 人；1914 年的运动会，来宾 4000 余人；1916 年的运动会，来宾 5000 余人……一个学校运动会，除了师生参与之外，还有如此多的家长和来宾参加。这体现了社会对教育、对体育的重视。

今天，我们一直在强调全社会都来关心教育，其实并不一定需要拿出多少资金来支持教育，更重要的是参与，让孩子们看到社会各界对教育的重视，他们就会更加珍惜当下的校园生活了。

◎ 启示之五：教师专业发展

当时的澄衷，有一位体育教师王怀琪。他曾自费前往观摩 1936 年柏林奥运会。在教学过程中，王怀琪十分注意介绍近现代西方体育活动，还注意发掘中华民族传统体育项目，悉心研究"五禽戏""八段锦"和"易筋经"，出版了《订正八段锦》《易筋经二十四图说》等十余种书籍。

体育老师不仅要成为青少年身心健康、体魄强健的促进者，更要成为学生良好运动习惯的培育者，以及体育科研的推动者。

---

① 胡适.四十自述.[M] 北京：中国文联出版公司，1993：48.

由"温水煮青蛙"想到的

"温水煮青蛙"的例子，常被人们提及。从哲学原理的角度看，它体现了量变到质变的哲学观点。它告诉我们，对渐变的适应性会使人失去戒备，安逸的环境容易让人放松警惕，在这个急速变化的世界里，如果我们不能敏锐地察觉到外界的变化，迅速调整自己的应对姿态，而是安于现状，最终必然会被时代抛弃。

当我们以此为例来教育他人时，不知是否想过，青蛙在逐渐加热的温水里，真的是没有什么反应，最终被活活煮死吗？

先让我们回顾一下以往有关温水煮青蛙的几个实验吧。

1869 年，德国科学家格尔茨设计了一个实验。他把切掉了大脑的青蛙放在冷水里面慢慢加热，青蛙被煮死在里面了；而把正常的青蛙也这样处理，青蛙则会试图跳出来。格尔茨在实验中慢慢将水温从 17.5℃加热到了 56℃，平均每分钟升温 3.8℃。

1872 年，亨滋曼通过实验宣布，如果水加热升温的速率足够低，青蛙并没有跳出来的打算。亨滋曼在实验中用了 90 分钟的时间把水从 21℃加热到了 37.5℃，平均每分钟升温不到 0.2℃。

此后，美国俄克拉何马大学的动物学教授霍奇森也做了这个实验，他选定的加热速率是每分钟 1.1℃。霍奇森发现，到了一定温度以后，青蛙会开始躁动不安，试图逃离这个环境。

19 世纪末，美国康奈尔大学的科学家同样做了这个实验。科研人员把青蛙放入装了冷水的容器后开始加热，开始时青蛙因水温的舒适而在水中悠然自得。当青蛙发现水温升高，无法忍受，想要跳出来时，已经心有余而力不足了，最终被煮死在热水中。

2014年3月，广州大学生命科学学院的郑宇等四名学生专门做了这一实验。他们在烧杯中放入一定量的20℃的水，将虎纹蛙放置其中加热，当烧杯中水的温度升高时，青蛙会从水中跳出来，而不是我们熟知的一直被煮死在水里。多次实验表明，当烧杯中的盛水量为440毫升时，青蛙跳出时水的平均温度为30℃；而当烧杯中的盛水量为800毫升时，青蛙跳出时水的平均温度为32.8℃。在盛水量不同的情况下，青蛙在水中能忍耐的温度也略有差异，但它们均随着温度的升高而逃离。

上述这些实验告诉我们以下三点。

第一，要谨防从众心理。

很多人相信温水确实能煮死青蛙，从心理学的角度来分析，这是从众心理所致。从众心理是一种比较普遍的社会心理和行为现象，是指在群体压力下，个体在认知、判断、信念与行为等方面自愿与群体中多数人保持一致的现象，俗称"随大流"。一件事情被人反复说了几次，或者被媒体炒作一番后，人们就很容易相信它是真的。媒体铺天盖地的广告，主攻的就是人们的这种心理。

中国的传统文化崇尚权威，当一些专家通过报告或者讲座向人们讲述温水煮青蛙的故事时，很少有人会对故事的真实性表示怀疑。虽然我们经常说"实践是检验真理的唯一标准"，但通常大家会觉得实践起来太麻烦，相信专家说的更省事。问题是，即便所有人都认同并且经常说的道理，也可能是错的；那些被社会普遍认定的真理，也可能是谎言。养成质疑的习惯，会让我们看到更多的真相。

第二，一次实验得出的结论是不可靠的。

据说温水能煮死青蛙这一结论来自19世纪末美国康奈尔大学的科学家所做的实验。现在我们无法知道当时科学家是如何完成该实验的，但更多的实验表明，青蛙对温度的渐变还是非常敏感的，它们能够快速觉察到生活环境中的危险，并逃离这一环境。

从科学研究的角度看，一项研究结果能够被确认的前提，是它能在不同的实验室里被重现，或者能在同一个环境下反复出现。

第三，实验的变量影响最终的结果。

温水煮青蛙这个实验，存在多个变量。一是青蛙个体，不同的青蛙对温度的敏感程度是有差异的。二是盛水的容器，不同的容器热传导的性能有较大差异，这会导致容器中水的对流情况不同。三是水温升高的速度。在速度不同时，青蛙的反应是有差异的。四是容器中盛水量的多少。

青蛙能忍受的水温显然是存在一个临界值的。这个临界值是多少，因为变量太多，很难给出一个确切的答案。亨滋曼在实验中将温度升高到37.5℃，青蛙还没有跳出，并不能说明温水煮青蛙的道理是正确的。郑宇等人的实验中，有几次青蛙是在38℃之后才跳出的。格尔茨的实验中的青蛙，还被加热到了56℃呢。这或许只能说明，亨滋曼还没有将水温加热到他所研究的那些青蛙的临界温度。

我还有一个问题：如果我们控制加热水的速度，让水以更慢的速度被加热，比如每分钟0.02℃，甚至比这更慢，青蛙会不会因为温度变化过于缓慢而逐渐适应，以至于最终真的被煮死呢？

布兰登的管理学定律

美国麦肯锡咨询公司咨询顾问布兰登提出了以下管理学见解：

1. 艰苦是一种财富。

2. 80% 的训练，20% 的执行。

3. 每个角色都很重要。

4. 每个人都是可以被替代的。

5. 没有通过实践检验，你永远无法衡量一个人。

以上观点可应用于教育管理和教育教学实践，也给我们诸多启迪。

第一，"艰苦是一种财富"。

"再苦不能苦孩子，再穷不能穷教育。"在一段时间内，这句话已经由教育口号转变成一种教育信念，被很多人认同。许多地方房子最漂亮的往往是学校，就是这种教育信念的一种具体体现。

学校建设得牢固一点儿、漂亮一点儿无可非议，但学校的办学理念却没能随着学校硬件设施的改善变得"华丽"起来。在硬件条件比较优越的学校，更要注重开展艰苦朴素的教育，让孩子们体悟到没有一件事情是可以随随便便成功的，任何事情都要付出无数的心血、艰辛的努力。

我们现在所处的时代常常让人产生一种错觉，认为做一件事情非常方便，不去思考自己今天享用的诸多科技成果，是很多人默默无闻艰辛付出的结果。艰苦是一种财富，求学期间的艰苦奋斗经历，会对学生的一生产生积极影响。

第二，"80%的训练，20%的执行"。

学校教育的主要职责，一方面是促进学生快乐、健康地成长，另一方面是保证国家的教育方针得到贯彻。要完成这两项职责，教师起着非常重要的作用。他们既要研究学生的身心发展规律，又要研究学科自身的特点，寻找学科知识和学生认知规律之间的契合点，还要认真领会国家对教育的要求、学校课程设置的价值和意义，认同校长的办学思想并主动践行。但教师一般都有自己的教育信念，学校一项非常重要的事情，就是组织各种层面的研讨和培训活动，促使大家在教育教学实践中取得共识，形成默契。

苏霍姆林斯基在管理学校的过程中，对教师培训非常重视，举办各种形式的研讨会、学习活动，来统一大家的思想认识。佐藤学也认为，学校应该精简机构和会议，给教师留出更多的时间参与教学研讨活动。而现实的情况是，教师90%左右的时间在做各种执行的动作，参与培训的时间只有10%左右，而且培训效果还不理想。

第三，"每个角色都很重要"。

学校是一个系统工程，每个教职员工都是这个系统中的元素，没有谁比谁更重要。尊重每个人，信任每个人，就会凝聚起巨大的力量，推动学校走上快速发展的道路。

无论是英国的夏山学校，还是美国的开明学校，学校的教职员工和学生都有同等的民主权利，在决定学校的重大事项、安排学校的课程或者评判一个人的教育行为时，学校里的每个人都会参与其中，展开辩论，集体决策。当学校中的每个人都感到自己的诉求和意见被尊重时，他就会花更多的精力在学校建设上，和大家一起推动学校更好地发展。

第四，"每个人都是可以被替代的"。

"一个好校长就是一所好学校"，这句话充分说明了校长的重要性。正因为如此，一所发展势头良好的学校通常不会更换校长，甚至校长到了退休的年龄，学校也可能继续延聘他。然而，真正的好学校，是好校长离开后依然稳步发展的学校。其中，学校的制度建设和执行非常重要。在学校办学成功经验的基础上提炼出来的制度，会让学校摆脱人治的束缚，走上健康发展的轨道。每个人都是可以被替代的，校长如此，每个学科的教师也是如此，学校中的每个人都应成为维护制度的模范。

第五，"没有通过实践检验，你永远无法衡量一个人"。

每学年的期末，要排课表时，学校领导和教师往往比较纠结。哪个教师可以跟上去，哪些教师要留在原来的年级，校长和教师各有想法，而且意见往往并不一致。最常见的一种情况是，年轻的教师将学生送到毕业年级时，学校就不让他们跟了，让他们回到起始年级再滚一轮。理由是他们太年轻，没经验，上去之后有可能将课上砸了。

没有带过毕业班，怎么就可以肯定这些教师跟上去会将课上砸呢？领导说自己有丰富的经验，可以预判。然而，事实往往并非如此。绝大多数青年教师在毕业班的教学中表现毫不逊色。

每个人都有很大的潜能，关键在于领导是否信任他，是否给他搭建成长的平台。信任是工作开展的基础，我们对此要有清晰的认识。

数据的价值

信息技术的发展日新月异，给教育带来了极大的挑战，也带来了发展的新机遇。不少地方都在探索教育与信息技术融合的方式和途径，但实践过程中的一些问题，需要引起我们的关注和思考。

有人认为，教育信息化就是为学校和学生配置电脑等硬件，所以将大量资金投入其中。有人认为，教育信息化的关键在于课程和教材的数字化，于是加紧将原来的纸质课本转化为数字图书，装入学生的电脑中，供学生和教师使用。有人认为，教育信息化就是用校园平台对学生的学习和教师的教学进行管理，所以加大对校园网络建设的投入……这些都是需要的，但又不是最关键的。在信息时代，最有价值的资产就是数据。你要了解学生的需求，需要数据；要提高课堂教学的效率，需要数据；要关注教师个性化的教和学生个性化的学，需要数据；要进行课程教学改革的决策，更需要数据。

数字和数据不是一回事。将一本纸质书通过扫描等方式变成电子书，只是做到了数字化。一个学生在数学考试中取得了 75 分，这也仅仅是一个数字。如果我们以数学学科的数字教材为媒介，建立起学生 75 分的考分和他的学习过程、学习态度、努力程度、智力水平、家庭背景，以及教师教学效果、师生关系、生生关系等因素之间的联系，那么这些联系就成了数据。数字化，仅仅是改变了教学内容存储和呈现的形态，而数据化则建立起了教与学的动态关联，便于我们及时把握教与学的状况，适时做出调整。

没有数据，无法分析和研究，那么做再多的数字化处理意义也不大。可汗学院之所以能够吸引全球各地学生学习，一个很重要的原因就是它的平台提供的分析数据，能够让学习者知道自己的弱项在哪里，做到什么程度才算是掌握了某一知识点。美国三大慕课平台风靡全球，其提供的视频固然是重要原因，但平台开发出来的给教授们的数据分析工具，才是其中的关键。教授们可以通过分析相关信息和数据，发现学生学习中的闪光点或难点，及时调整教学进度和内容。

数据的优点很多。比如，易于调用。凡是和数据相关的因素，都可以根据相关关系使其迅速形成数据流，以便于分析和研究。比如，存储成本低。随着技术的快速发展，存储数据的成本越来越低。很多数据可以直接存储在云平台上，所需的资金投入很小。比如，数据价值具有可持续性。越早的数据，在进行分析和对比的时候，其价值可能越大。原本隐含在数据中的一些要素，也可能会因为人们对事物理解的不断深入而被发现和挖掘。数据的重要性超出我们的认知，其潜在用途在未来会逐渐被发现。

今天，对一个企业来说，数据的规模、活性，以及收集、运用数据的能力，将决定其核心竞争力。我国互联网巨头，为什么在当今社会能够做得风生水起，一个非常重要的原因就是他们掌握着庞大的数据。腾讯利用微信和QQ，掌握着人与人之间关系的大数据；百度利用搜索，掌握着人与信息之间关系的大数据；阿里巴巴利用淘宝和天猫，掌握着人与商品之间关系的大数据。相比之下，教育方面的大数据做得还很不够，这也是人们总觉得教育在信息时代慢了半拍的原因之一。

要让教育领域数据的价值凸显出来，有几个方面的工作是必须做的。一是加大基础设施建设，提升宽带的带宽，保证一个班级、一个年级的学生同时上网时网络畅通。二是加大基础数据信息库建设，打破目前学校"信息孤岛"的现状，让每个教师和学生网上教与学的信息，都能很方便地被捕捉到，能够自动存储和积累，为分析和研究数据奠定基础。三是建立促进教与学、有助于开展数据分析的学习平台，这样，就可以为教师推送所需要的数据信息，为其备课、教学和布置作业等提供依据。如果这些工作能在较大的地区整体推进，数据的价值就更容易凸显出来。

重新认识游戏

玩游戏，被很多人认为是不务正业。家长和教师因为孩子沉湎于游戏而备感焦虑，单位领导看到下属玩游戏会心怀不满。因为游戏而导致的各种矛盾和冲突此起彼伏，但游戏玩家数量并没有因此而减少。

据统计，2021 年全球游戏玩家的总数量为 29.6 亿人。随着全球游戏产业的进一步发展，预计 2022 到 2024 年，全球游戏玩家的数量将继续稳步增长。我国的游戏玩家数量也呈现出逐渐增长的发展态势，2015 年游戏玩家的总数量为 5.34 亿人，2020 年已经达到 6.65 亿人，其中 30 岁以下玩家接近 3 亿人。

简·麦戈尼格尔在《游戏改变世界》一书中，总结了游戏的四个基本特征：目标、规则、反馈系统和自愿参与。几乎所有游戏，目标都非常清晰，规则也很具体，参与者都是自愿的，更为重要的一点是，玩家只要投身其中，就能获得及时反馈。玩家可以通过画面、记分牌等多种渠道直观地看到自己对游戏的影响。游戏的反馈力度越大，玩家就越愿意花费时间投入其中，那种强烈投入的状态常常比获胜的满足感更令人愉悦。这种因游戏而唤起的满足感、愉悦感和自豪体验，往往让人欲罢不能。

玩游戏其实是一件非常辛苦的事情，游戏的级别越高，越是耗费心力和体力。为什么有如此多的人愿意投身其中呢？这是因为游戏的过程充分激活了与快乐相关的所有神经系统和生理系统，包括人的注意力系统、激励中心、动机系统以及情绪和记忆中心等。玩家最看重的，是它带来了实实在在的情绪奖励。而在现实生活中，无论是在学校、机关、工厂还是在其他日常生活环境中，都很难有这样的情绪体验。很多人忙碌了一整天，自己都不知道在忙些什么，既看不到努力的结果，也无法产生价值感。

成长在数字化时代的孩子，从小就不断接触各种类型的游戏，对数字游戏更是有一种天生的亲近感，把高强度参与和积极投入其中视为理所当然。这给今天的教育带来了巨大的挑战。如果孩子从小就是玩复杂游戏长大的，那么要他在低动力、低反馈和低挑战的学校环境下正常发挥就太难了。不仅仅是在学校，孩子进入社会后工作可能也是如此。

现在到了重新认识游戏价值的时候了。

希罗多德撰写的《历史》一书中，讲述了这样一个故事。3000 年前的吕底亚国，出现了全国范围内的大饥荒。吕底亚人是这样渡过难关的：用一整天的时间玩游戏来抗拒对食物的渴求，第二天吃些东西，克制玩游戏，依次轮换。他们一熬就是 18 年，其间发明了骰子、抓子儿及其他常见的游戏。

这个故事告诉我们，游戏并不都是让人颓废的，优秀的游戏可以改善困境中的人们的真实生活品质，促进大规模的社会合作和公民参与，帮助人们提升可持续生存的本领，引导人们用创新的方式来面对生活中的各种挑战。

很多人之所以沉湎于虚拟世界和游戏中不能自拔，是因为在现实生活中感受不到因参加高难度的挑战而带来的情绪上的巅峰体验。如果我们能够借助游戏的优势，重塑公众生活，让玩家在现实生活中就能获得这样的巅峰体验，挖掘自己的潜能，发现自己的价值所在，那该多好！

这并非天方夜谭。比如，"学习的远征"是美国纽约市为特许公立学校 6—12 年级的学生设计的游戏课程。这个课程没有作业，没有考试，只有任务、升级和适时的奖励。学生每天以游戏的方式参与充满刺激的学习活动。比如，在英语课上，学生不仅要获得一个好分数，而且以升级为第一目标，通过参与讲故事的环节或是尝试创意写作的方式实现英语课闯关。又如，垃圾分类这一困扰社区管理的顽疾，其实也可以通过游戏的方式加以解决。由业主委员会成员作为游戏的管理员，邀请居民参加垃圾分类活动。居民按照分类提交的垃圾越多，获得的积分就越多。积分情况及时在公共场所或网站上公布。业主委员会利用诸如垃圾分类销售获取收入等各种办法获得资源，作为支持这一游戏的基础。在游戏中，原本很平凡的生活、学习和工作变得富有趣味和挑战性。

　　游戏能做到的远不止这些。我们正迈入一个充满挑战的时代：流行病传播、气候变化、全球恐怖主义、粮食危机、能源危机和大规模的移民，等等。如果我们能将这些问题通过游戏的方式呈献给社会，聚集各方的智慧和力量来找寻答案，就会促使玩家成为更优秀的公民。未来几十年，面对重大社会挑战的游戏将在我们实现民主、科学和人道主义目标的过程中扮演重要的角色，也会越来越多地把人们带到现实环境中和面对面的社会空间里。

学校为何要放假

暑假到了，这本是一件快乐的事情，但不少学生及家长却高兴不起来。

一些"尽责"的老师，给学生布置了大量的作业。学生如果认真完成这些作业，可能要花费一个月的时间。但往往是"学生辛苦一个月，老师潇洒一个'阅'"，学生不知道做这么多的暑假作业到底是为了什么。

家长也快乐不起来。一方面，家长将孩子一个人留在家里，每天上班都提心吊胆的，只好让孩子参加补课班，明知作用不大却也无可奈何；另一方面，孩子在上学期间养成的良好的生活和学习习惯没有了，要么黑白颠倒，白天赖在床上不起，晚上不睡；要么贪玩无度，老师和家长布置的任务总是不能按时完成……

○ 放假的原因

学校是何时有假期的？查阅 1876 年京师同文馆八年课程表和考核方法可知，当年的京师同文馆主要以考试来督促和检查学生的作业。考试实行月课、季考、岁试。月课于每月初一日举行；季考于二、五、八、十一月初一日举行。当时，学校尚没有较长的假期。

到了民国初期，《壬子癸丑学制》对学期做出了明确的规定："一学年分为三个学期，8月1日至12月31日为第一学期，1月1日至3月31日为第二学期，4月1日至7月31日为第三学期。"①

假期的安排是这样的：暑假安排在第一学期中，其中高等学校放55天，中等学校放40天，初等学校放30天；年假安排在第二学期中，时间一律为20天；春假（清明节）安排在第三学期中，时间一律为7天。

由此可知，学校放假制度的形成，与班级授课制在我国的推广和普及有很大的关系。在近百年的教育变革过程中，我国的学制有过多次变更，但学期之间的假期被逐渐固定下来，成为学生学习、生活很重要的组成部分。

学校为何要放假？很多人认为有两个原因。一是要避开严寒酷暑。尽管有些地方夏天并不炎热，冬天并不寒冷，但为了各地师生的教育公平，享受同样的假期。二是教师的教学强度和学生的学习强度都比较大，经过一段时间的连续教学和学习，一个个身心疲惫，需要通过假期调整身心，养精蓄锐，以便更好地开展教与学的活动。

果真如此吗？我看未必。假期的创建应该和班级授课制这种"批量的、规模化生产"的教育方式有关，长时间统一的教学进度和要求，造成了书本知识和生活的脱节，在两个学期之间给一个假期，有利于学生个性的发展以及学生将所学知识与现实生活联系起来。

潘光旦先生写过一篇题为《假期与知识生活的解放》的文章。文章开头就说："学问没有止境，也就不宜有长时期的间断。学校的暑假寒假，少则一月，多则三月，难道办教育和创制假期的人的本意，真要教人在这一个月或三个月之内完全停止学问工作么？我恐未必。"

潘先生毫不客气地指出，学校的最大缺点，就是过于重视教材。"一种课本，少则读半年，多则读一年"，使学生"无一刻不在字里行间寻生活"，从而失去了自己研究的机会。他认为这种"专读一书"的单调和痛

---

① 宋荐戈. 中华近世通鉴：教育专卷 [M]. 北京：中国广播电视出版社，2000：139-140.

苦，比做八股文还要严重。而假期是每个学生"解除痛苦回复自由的上好机会"。

○ 假期应该怎么过

学生应该如何度过自己的假期生活呢？

第一，放假的目的不是休息，而是做学问；不是继续做平时上学期间"在字里行间寻生活"那种"专读一书"的单调和痛苦的学问，而是要选择比较高明的求知方法，自主地开展对学问的探究。学生可以通过有目的的远足活动，拓展自己的视野；可以通过有针对性的观察和调研，印证书本知识与现实世界之间的关联；可以就关心的某个话题，深入科研院所和图书馆，做资料的收集与信息的采集工作，深化认识，形成观点。

第二，要养成良好的生活习惯。日本的很多学校在放假期间运动场所是保持开放的，学校要求学生回校做早操，参加体育锻炼。瑞士人精通滑雪、划船等户外活动，与政府对青少年的赞助是有很大关系的。瑞士人13岁至16岁时会领到一张"假期通行证"，持这一证件可参加青少年活动中心组织的集体户外活动，如远足、打球、骑自行车、露营、划船、登山等。学校和家长，应该引导孩子对自己的假期生活进行整体设计，让孩子学会合理地安排自己的假期时间，养成良好的生活习惯。

第三，做一些家务，感受父母工作的辛劳。家长要安排孩子和自己共同工作几天，让孩子充分感受父母工作的辛苦和挣钱的不易。如果有可能的话，让孩子到某个单位去做实习生，或者参加志愿者服务，增加一些社会实践的经历。这些都是很有价值的。孩子通过这样的活动，能产生发自内心的感悟和体验，这是在学校生活中无法取得的教育效果。现在世界各国的课程体系设计，都非常关注社会实践或者社会服务方面的经历，因为只有有了切身的感悟和体验，学生才可能端正学习和生活的态度。

面向未来的能力

　　有一句话大家耳熟能详——教育是面向未来的事业。但事实上，我们能预知未来吗？多年前，没有人能够预料到智能手机和平板电脑会席卷全球，对人们的生活和工作方式产生如此深刻的影响；多年前，没有人能够预料到会有慕课这种大规模在线学习的平台，它颠覆了教与学的方式。我们基本上预测不出未来十年世界发展的趋势，自然不会知道十年之后社会最需要的知识是什么。

　　既然无法预测未来，那么教育作为面向未来的事业，其最重要的价值体现在何处呢？体现在培养学生面向未来的能力，让学生能够自主应对未来的各种挑战，在为社会创造价值的同时也成就他们自己。对身处大数据时代的人们来说，这三种能力至关重要，第一是阅读能力，第二是搜索能力，第三是辨别真伪的能力。

　　叶圣陶先生说，教育就是养成好习惯。好习惯包括方方面面，比如待人接物和对待工作的良好习惯、寻求知识和熟习技能的良好习惯、保持健康和促进健康的良好习惯，等等。在种种好习惯中，养成良好的阅读习惯，提升阅读的能力，无论怎么强调都不过分。

　　阅读对人的影响是潜移默化的、长远的。一个人养成了良好的阅读习惯，就具备了终身学习的能力。面对这瞬息万变的时代不断涌现的新情况、新问题，他可以通过阅读去寻找答案，让自己能更加从容地工作和生活。教师和家长自身要养成良好的阅读习惯，以此来影响学生，呵护学生那份向学之心和求知的欲望。当学生有了阅读、思考的习惯和能力时，他们就拥有了开启未来之门的钥匙。

在很长一段时间里，教育最主要的目的就是教会学生记忆，让他们尽可能多地掌握知识。然而，今天人们面对的是以几何级数迅速增长的信息和知识。其中许多知识对个体来说往往是无用的。如何在海量的知识中快速地搜索到对自己有用的知识，是今天人们必须具备的一种能力。

事物是普遍联系的，知识是有内在结构的，网络平台上支撑各种搜索引擎工作的，就是事物联系的特征和结构化的特征。这种借助工具获取新知识的能力，就是搜索能力。从问路、查地图、翻阅图书资料，到使用搜索引擎，有的人能够非常快捷地获得所需的资料和信息，而有的人搞了半天却毫无收获，还常常被网络上眼花缭乱的事物诱导。这体现的就是搜索能力的高下。

将需要的信息搜索到之后，你紧跟着要做的一件事情，就是辨别信息的真伪。假货已经成为一种社会恶疾，波及人们生活的方方面面，给人们的身心带来极大的伤害，也将整个社会的诚信体系破坏殆尽。造假现象不仅仅存在于物质领域，在信息和文化领域也比比皆是。胡编乱造的数据、违背常识的故事……有的人因缺乏文化判断力会轻易相信，甚至随手传播，以至于闹出笑话或者误导他人。

有一个被用来教育人工作要细心和敬业的"经典"故事，说的是日本一家酒店的领导为培训他的员工，亲手将马桶刷洗得干干净净，并从马桶中舀了一杯水喝下去。陈亦权老师曾写了一篇题为《一个日本孩子眼中的"日本经典"》的文章。文中写道，他有一个名叫松野的12岁学生来自日本，听到陈老师给同学们讲述上述故事后，松野告诉陈老师这个故事非常荒诞和虚假。理由是：第一，日本的自来水分两条管道，一条管道里是饮用水，另一条管道里是生活用水，因此无论马桶洗得多么干净，洗马桶的生活用水都是不能喝的；第二，马桶底下有一个弯管，是无法清洗的，而马桶储存的水就在这个弯管里……松野告诉陈老师的，其实就是日本的一些生活常识。可就是这么简单的生活常识，却被我们忽略掉了，以至于这个虚假的故事被到处传讲，成了很多专家做励志讲座的重要桥段之一。

缺乏深入思考，习惯人云亦云，是我们无法辨别真伪的原因之一。喜欢玩玉器的不少人花过冤枉钱，买了不值钱的东西回家。其中有些人，在上当受骗后，不断研究玉器的特征，慢慢地就成了鉴别玉器的专家或高手。我们需要在真实的生活历练中培养辨别真伪的能力，从而提升自己的洞察力和判断力。

第二课

构建和谐关系

理解童年

看到过这样一篇报道，郑州有一家幼儿园为一百多个孩子举办了一场"集体婚礼"，由老师和家长代表担任主婚人。整个婚礼过程完全照搬成年人结婚的程序，"新郎""新娘"都要接受询问并宣誓，同时，小"新郎"还要单膝跪地，给小"新娘"戴上结婚戒指，然后在众人的祝福声中拥抱。据了解，这不是该园第一次举办幼儿"集体婚礼"，只不过这次的规模最大。

这样的活动反映出幼儿园领导和家长对童年期、儿童观等内容不了解或不清晰。

尼尔·波兹曼在《童年的消逝》一书中指出：尽管人类文明已经有上千年的历史，但童年期却是在文艺复兴时期才被发现的。对一个人来说，童年期有独特的价值。从生理上看，人的脑体积比其他灵长类动物的要大许多，人类的大脑在胎儿期没有发育完全，必须在童年期继续发育。对幼儿来说，因为大脑尚处于发育状态，他们的心智在本质上有如童话一般。他们在理解周遭世界时，还不会运用逻辑思维，更善于使用比喻的、幻想的、共同感受的与魔法般的方式。

郑州这家幼儿园的园长认为，3岁至6岁的孩子不少进入了"婚姻敏感期"，比如，有的男孩会对女孩说"我喜欢你"，有的女孩会给自己喜欢的男孩送糖果，有的甚至说要和对方"结婚"。举办"集体婚礼"是因势利导，给孩子们进行"性教育"，树立健康的婚姻观，让孩子学习负责任。问题是，当孩子尚不具备逻辑思维能力，处在通过幻想和感知来认识世界的阶段时，这样的"集体婚礼"真的能让孩子树立健康的婚姻观、学会负责任吗？

儿童的世界与成年人的世界是截然不同的，他们既有独立的意识，又有自己的哲学。在知识技能方面，成年人总是强于儿童；而在精神境界方面，任何时代的儿童都高于成年人。所以蒙台梭利说，儿童是成人之父。我们在面对儿童、和儿童一道开展活动时都应该非常清晰地认识到这一点，尊重儿童作为一个生命体的存在，而不是将自己的意志强加在他们身上。

集体婚礼是一个非常典型的成年人活动。为孩子们举办"集体婚礼"，则完全将孩子的身心发展特征和规律抛在脑后。孩子们的扭捏作态，居然让老师和家长们无限欢喜，并被一张张照片记录下来，老师、家长和社会对幼儿发展规律的集体无意识着实令人震惊。其实，这样的事情在我们身边是经常发生的。家里来客人了，家长就要求孩子表演节目，如果孩子不愿意，就会遭到斥责。在家长眼里，孩子的想法不如自己的面子和虚荣心重要。在全国各地的电视节目中，经常可以看到处于幼儿阶段的孩子浓妆艳抹上台表演，演唱的大都是成年人的曲目。幼儿时期是孩子认知、情感和社会性发展的重要时期。在这一时期，孩子们理解、学习和模仿社会的行为与成年人有本质的区别。如果成年人意识不到这一点，总是按照自己的意愿来决定孩子的学习和生活方式，还美其名曰"为了孩子好"，稍不留神就会带来教育的偏差，给孩子的成长带来终身遗憾。有相当多的成年人，虽然口头上很爱孩子，但在行动中并没有给孩子准备好适宜的环境。成年人并没有像尊重其他成年人一样去尊重孩子，理解孩子的内在需求。

儿童的认知、情感和社会性发展最为重要的载体就是游戏。儿童的学习能力极强，他们几乎全盘吸收环境的信息，让这些信息成为他们的感官印象，并在内心体验。然后，他们通过游戏，让自己"加入"这些体验中，重现曾经观察到的事物的片段或全过程，学习成年人世界的运作方式。游戏，也是促进孩子四肢协调发展的重要途径。游戏是动态的、不断变化的过程，具有互动的、有创意的形式，并且具有丰富的想象空间。当孩子处于游戏的情境中时，他的整个脑部都会受到刺激，因此游戏也是促进大脑发育的重要途径。

成年人要明确哪些活动属于儿童游戏。让孩子坐在电视机或是电脑前操纵游戏软件里的角色，根本就不是游戏；定期举办的足球比赛或是其他竞赛性质的运动项目也不是游戏；像郑州这所幼儿园举办的幼儿"集体婚礼"同样也不是游戏。婚姻是人生的一件大事，需要在孩子懂得婚姻意义的前提下进行严肃的讨论和思考，而不能让孩子感到什么事情都可以"调侃""游戏"。儿童的游戏应该是开放式的，是由儿童主动发起的，或是儿童自发性地使用一些真实的物件来进行有创意的活动。成年人对此应有清醒的认识。

成年人最大的悲哀，就是自己成年之后忘记了童年，忘记了童年对人一生成长的价值和意义。树立正确的儿童观，需要今天的成年人做出努力。

学习的三个心理要素

在学习某一知识或技能的时候，时常出现这样的情况，一些平时表现很优秀的孩子，却出人意料地在此时出现了差错。其实，如果仔细分析，还是能够发现其内在缘由的。

要学好某一知识，掌握某项本领，需要同时具备三个心理要素：一是求知的欲望和内在需求；二是学习过程中心理的自由；三是必要的认知条件。这三个要素哪怕缺一个，要取得良好的学习效果，都比较困难。

孩子对某件事情很感兴趣，有深入了解和探究的冲动，这是开展有效学习的基础。孩子生下来就有探究世界、认识万事万物的需求和渴望，我们需要特别小心的是，不要在孩子成长的过程中压制孩子求知的渴望、探究的欲望。求知的冲动对孩子来说意义重大：一方面，孩子需要通过求知的冲动来刺激大脑的神经元，构建属于自己的"神经元地图"，逐渐建构认识世界的路径和方式；另一方面，求知的冲动是孩子心理成长的关键，在探究世界的过程中，孩子要不断地和各种事物、他人、世界进行互动。周遭环境和他人对孩子的回应，对孩子的精神以及身体的发展都会产生潜移默化的影响。

有了求知的冲动后能否将一件事情做好，还要看我们在做这件事情过程中的心理状态。我们常有这样的体会，拿起一本书看了半天，翻了好多页，都不知道自己读的是什么。之所以出现这样的情况，可能是因为读书的时候，心里有羁绊，如对此前所做的某件事情不满意、家中某个设施出了故障但找不出原因，等等。这些是我们能够意识到的，或许还有一些我们意识不到的事情，也在分散我们的注意力。

在做一件事情的过程中，如果我们总是被其他事情干扰，我们可能就会产生不安全感，并建立起一个心理防御系统，来设法抵御那些干扰。心理防御系统会浪费我们很多精力，消耗我们很多能量，这样，用于学习的精力和能量必然就会减少，学习成效自然就会打折扣。不少教师喜欢利用周末或者假期，找一段比较悠闲的时间，沏上一杯茶，沐浴在柔和的阳光下读书，一个很重要的原因，就是给自己创设一段心灵自由的时空。

教师读书如此，学生学习也是如此。如果学生走进学校、教室，感受到的始终是温馨、和谐的氛围，可以无忧无虑地开展学习活动，那么要学好某一知识、掌握某项本领的心灵自由的基础就具备了。如果学生在学习场所总是处于紧张、焦虑，甚至恐慌的状态，他就会把大多数精力和能量放在自我保护上。一个缺乏安全感的学生，是不可能将主要精力放在学习新知识、掌握新本领上的。

学习是一个不断积累的过程，前面学会的知识、掌握的本领是后续学习的基础。刚出生的时候，大多数人的生理基础是相似的，但因为生长在不同的家庭、不同的环境中，人们后天发展的差异是非常大的。美国的相关研究表明，那些在贫困家庭中成长的孩子，进入学校后在语言、数字等方面的表现相对比较差。因为贫困家庭的家长，自身文化水平通常不高，平时又常常为生计所困，没有时间也没有办法对孩子进行教育和引导，连与孩子沟通交流的语言都非常匮乏。这些因素在潜移默化中都对孩子的心智发育产生影响。等孩子进入学校后，他们和其他孩子在知识积累、心智发育等方面的差异已经很大，这些差异就会给他们的学习带来困难。很多在其他孩子看来不言自明的事情，他们就是无法理解，学习的障碍也会因此而产生。

一个孩子在学习中出现状况，与上述三个要素中的某个或者全部不具备或许有直接的关系。一个人没有求知的渴望，就很难学好。一个人有求知的渴望，但缺少安全无忧的环境和氛围，总是为各种事物所羁绊，也无法自由舒展地投入学习。一个人有求知的渴望，也创设了良好的心理环境，但缺少必要的认知基础，心智和能力跟不上，也会给学习带来障碍。

学习是一个多因素共同作用的过程，需要统筹协调，综合施策。

学习中的情感

学习是一个多种因素相互交织的过程，情感在其中发挥着非常重要的作用。读一本书的时候，如果你此前刚好经历过一件事情，尚处于情绪波动的状态，就很难读下去。如果你不喜欢即将学习的知识，或者对授课的教师有看法，学习也很难进行下去。

"情感"一词，是教育领域讨论的热词之一。"情感态度与价值观"曾作为课程目标之一，也凸显出情感对学习的意义和价值。要充分利用学习中的情感因素，首先需要对情感做出界定。心理学领域是这样定义情感的：它主要包括安全感，身体及心理上平和、愉悦和舒适的状态。

良好的学习情感首先体现为有安全感。如果学生在学习过程中有安全感，他的身心就会充满活力，这将促使他在愉悦的环境下成长以及探索世界。有的小孩常做的一件事情就是把东西从高处扔到地上，然后等着大人捡给他，好让他再扔出去……这实际上就是一个学习过程。如果父母很有耐心，在孩子将物品扔下去的时候没有呵斥他，而是一次次地帮孩子拿起来，鼓励他继续玩下去，孩子就会获得安全感，这将激励他以更大的勇气来尝试，以便帮助自己一点点地把握世界。

大家都有这样的体会，学生在低年级的时候举手发言非常踊跃，但随着年龄的增长，愿意积极主动地举手发言的学生越来越少了。为什么会这样？一个很重要的原因就是学生在课堂上没有安全感。如果发言讲不到点子上，不仅可能被老师批评，还可能遭到同学的嘲笑，这将有损自己在同学面前的形象。基于这样的考虑，很多学生不仅不主动发言，甚至在被老师点名发言的时候也闭口不答，通过这种方式来维护自己的形象。

当学生缺乏安全感的时候，他会调动他的精神力量和生理力量来保护自己，或者试图去适应这个不安全的环境。当老师提出问题的时候闭口不答，就是学生为适应环境所采取的一种态度。然而，不管是调动资源来保护自己，还是尝试去适应环境，都需要消耗大量能量，从而没有足够的能量用于学习。这就是在没有安全感的情况下，学生很难高效学习的原因。

我们经常在各种场合遇到一些专家，或者某一领域的领军人物，在感慨他们业绩的同时，还会有另外一种感受，那就是他们往往很谦和、大气，给人如沐春风之感。为什么他们会给人这样的感觉呢？因为他们在这些场合有安全感，知道自己的研究比一般人要深得多，涉猎的范围也要广得多，不会被我们给难倒。因为他有这样的自信，就会呈现出轻松、自在、平和的心理状态，并将这样的状态传递给我们。我们对专家本来就有一份崇敬心理，现在又接收到他传递过来的良好情感，自然也会将自己的好心情反馈给专家。这样，我们和专家之间就建立起了非常美好的情感关系，我们的学习也就更有效了。

相对于学生来说，教师也可以被称为专家。然而，有的教师却不能给学生带来安全感，为什么？这与多方面的因素有关。首先是教师的专业素养。有的教师对学科的理解还比较肤浅，对一些问题的思考也不够深入，有时候在课堂上尚不能自圆其说，更别说提出自己独到的看法和见解了。教师往往因此而不自信，这种不自信会传递给学生，给学生带来不安全感。其次是学生对教师的情感。师生朝夕相处，要让学生始终对教师有一种依恋感、信任感，是一件极富挑战性的事情。对一些细节的疏忽或处置不当，对一件事情的处理不公，往往会导致学生对教师的看法发生改变，由此带来对教师的负面情感。再次是教师对学习成绩的过分关注会导致学生对教师的反感。是关注学生的健康成长还是关注学生的考试分数，很多教师选择后者。他们为了让学生能够取得好成绩，不惜动用一切可以动用的资源和手段，威逼学生去学习。这种对学生身心的摧残会让学生从内心里厌恶学习，不愿参与到学习活动中来。

学生在学习中的情感，不仅与教师有关，也与家庭氛围、亲子关系、同学关系、班级的文化氛围等有直接的关系。当然，教师是培育学生良好情感的关键。教师在学生良好情感培育上的角色定位越清晰，就越能给学生带来安全感。健康的情感会促使人生出一种安全感。这种安全感是学生较好地感知世界所必需的。

孩子的秩序感

九月，幼儿园迎来了新生。在刚入园的这段日子里，有的孩子能够比较好地适应幼儿园的环境，也有的孩子还没有走到幼儿园的门口就开始大哭大叫，搞得家长心慌意乱。

孩子为什么会哭闹？我们不妨从两个案例说起。

一个六个月大小的孩子，看到有人进入房间后将一个物品放到了桌子上，立刻变得不安并尖叫起来，来人还以为孩子喜欢这个物品，将它拿到孩子跟前，孩子尖叫的声音更响了。在把该物品拿走放到孩子看不见的地方后，孩子很快平静下来。

孩子对物品的敏感，体现的是孩子的秩序感。蒙台梭利的研究表明，孩子对秩序的敏感可以追溯到刚出生的第一个月。当他看到东西被放置在应该放置的位置上时，就会表现出高兴和满足。能四处走动的孩子，发现一件物品放错了位置，会把它放回原处，而成人往往缺乏这样的敏感。如果孩子看到、感受到的秩序被打乱，而且无法恢复，可能会感到不安。

大约十个月大的孩子，最喜欢做的一个游戏，就是坐在高高的宝宝椅上，将手边能拿到的某种物品——玩具、勺子、颗粒状的食物等，从高处丢到地上。往下丢的时候，孩子并不看着这些物品，而是让其在视线里消失一会儿，然后才把头弯过去找寻物品。听到物品落地时发出的响声，孩子会觉得更加有趣。陪伴孩子的人，如果把物品捡起来递给孩子，孩子会非常高兴，然后重复刚才的游戏，直到他的游戏伙伴（陪伴孩子的人）结束这个游戏为止。

某件物品从孩子的手中、视线中消失，其实就是秩序被打破的过程。孩子做上述游戏，有主动探索的意蕴。他想看看那些消失的物品是否会重现，被打破的秩序是否可以重新恢复。秩序被打破，带来的往往是心理上的不适以及焦虑感。物品在消失之后能够重现，会让孩子明白被打破的秩序，经过一定的时间或某种方式是可以重新恢复的。当然，一次尝试不足以缓解孩子内心的焦虑，必须反复去尝试，才能让孩子确认他的感受是正确的。

上述两个案例告诉我们，孩子在刚进幼儿园时会大声哭闹，或许就是由于他因生活秩序被打破而感到焦虑。

在平时的生活中，有些父母没有关注到孩子对秩序感的敏感，以及对秩序的渴望，或给孩子提供的生活环境缺少章法，总是处在不停变动中，会让孩子无所适从，产生心理焦虑。或在孩子想探索秩序被打破会带来什么样的影响时，家长不理解孩子的动机，对孩子的探索要么不予理睬，要么大声呵斥，无形中让孩子意识到，一旦秩序被打破，恢复是很难的，而且还要承担一定的责任，这会让他的内心产生进一步的紧张和恐慌情绪。

在这样的环境和氛围中成长起来的孩子，其实对家庭秩序已经建立了比较脆弱的认知。一旦家长将其送到幼儿园，要让他面对一个全新环境，他在家庭生活中建立起来的脆弱秩序被打破，他可能就会根据自己的经验判断自己的家庭消失了、父母消失了。在这样无助的、焦虑的心理状态下，号啕大哭就是很自然的事情了。

秩序及其遭到破坏之后的重新建立，是幼儿教育应特别关心的事情。

秩序的背后是孩子习惯的养成，给孩子提供一个适宜的环境，帮助孩子养成良好的生活习惯和学习习惯，这是孩子成长的基础。叶圣陶说，教育就是养成好习惯。

但强调秩序，并不意味着孩子就要一直生活在一个固定的空间和环境里。孩子成长的过程，是不断拓展自己的疆界、不断拓展自己的视野的过程，也是秩序不断被打破以及建立新秩序的过程。其中，家长的作用尤其重要。一方面，要引导孩子认识到破坏了的秩序是可以重新恢复的，可以通过消失事物的重新再现，或用多样化的游戏方式让孩子克服因消失和分离而产生的焦虑感；另一方面，要帮助孩子在新环境下建立新秩序，获得安全感。

那些平时就有良好秩序感的孩子，以及时常在通过某种方式再现消失了的东西的游戏中获得满足感的孩子，在走入幼儿园的时候，一般不会很焦虑，他们会将更多的精力放在建立新秩序、让自己在幼儿园生活得更加舒适的活动中。

习惯的养成

在漫长的学习旅途中，知识的积累自然是必不可少的，但比这更为重要的是培养良好的习惯。比如阅读的习惯，让阅读成为自己的生活方式。科学技术的迅猛发展，极大地加快了知识更新的速度，寄希望于在学校阶段多学一点儿知识，以应对社会上的各种变化，越来越不现实。我们需要终身持续不断地学习，其基础就是良好的阅读习惯。比如善于寻求合作的习惯。众人拾柴火焰高。个人单打独斗的时代已经过去，发挥团队的力量攻坚克难，是当今工作方式的主旋律。因此，我们在基础教育阶段就需要引导孩子学习寻求合作。比如服务社会的习惯，在享受社会给予的各种权利的过程中承担职责。权利和义务是对等的，只有尽了自己的义务，才能享受应有的权利，这应该成为每个公民的共识。

学生在学校期间应该养成的好习惯就更多了。在行为举止方面，包括见人要打招呼，开关门窗动作要轻，不能在狭窄的楼道空间内快速奔跑……在自我管理方面，包括每天按时作息，课堂上主动发言，积极参加各种文艺活动，坚持每天锻炼一小时……在待人接物方面，爱护学校的公共财产，尊重同学和老师，未经他人允许不随意触碰对方，等等。一个个良好习惯在人身上的综合体现，就是一个人的素质。

从心理学的角度看，习惯是一个人反复做一件事情之后习得的结果。我们反复做一件事情，直到它不再引起意识的注意，这时候我们就养成了一种"习惯"。你想一想学车的经历，就很容易明白这一点。刚开始学车的时候，手脚常常不听使唤，眼睛经常不是看着挡风玻璃外面的道路，就是盯着眼前的方向盘、仪表盘，甚至还要低头去看那些挡位、油门、刹车。你身体的每一个动作，都能引起你的注意，搞得你手脚忙乱。随着时间的积累、驾驶技术的日趋成熟，开车的时候你手上、脚上的很多动作逐渐变成"下意识"的行为，不再引起你的注意，你只关心前方，开车的习惯也就养成了。

从神经科学的角度看，所谓习惯，就是在大脑中建立起一个个比较稳定的反馈回路。这个反馈回路由三个部分组成：引发行为的线索、行为产生的程序、我们从行为中得到的好处。就拿喜欢吃甜食来说，引发这种行为的线索通常是焦虑，程序是选择去吃八宝饭、甜甜圈之类的甜食，得到的好处是通过进入血液的葡萄糖来暂时抑制焦虑。这样的反馈回路一次次地重复出现，人最终就养成了吃甜食的习惯。即使当下并不焦虑，看到了甜食也会情不自禁地想吃。阅读习惯的养成也是如此，引发行为的线索通常是人对未知世界的好奇，程序是选择书本来阅读，得到的好处是好奇心得到满足，同时又产生新的好奇。

养成好习惯有两个层面的含义。一是个体原来已经养成了某种习惯，但这种习惯非常不好，需要通过自身努力来改变它。比如，有的人平时喜欢抱怨，经常把自己的心态搞得很差，不仅对他人无益，更伤害了自己。这种习惯的改变通常比较困难，主要是因为这种习惯常常是在无意中产生的，需要通过有意注意，让其进入意识空间，才能被自己关注，才有改变的可能。二是个体没有养成某种习惯，需要通过一段时间有意识的反复练习，让其成为无意识的自然行为。这种习惯的养成需要的是坚持不懈的训练和持之以恒的坚守，不能三天打鱼，两天晒网。

心理学家研究发现，无论是改变一个坏习惯还是养成一个好习惯，关键都是聚焦程序，而不是看引发行为的线索或得到的好处。就拿喜欢抱怨来说，有的人的线索是他看到了生活、工作乃至生命有缺憾的一面，得到的好处是有可能让自己获得同情和认可。其中，线索是无法改变的，而好处是应该得到的，要改变喜欢抱怨这一坏习惯，必须从程序出发，将那些抱怨的话语用积极的言语来替代。养成一个好习惯更是如此。每个人都有好奇心，都希望自己能见多识广，但为什么很多人没有养成良好的阅读习惯呢？主要问题就在程序这个环节。我们没有给那些想养成良好阅读习惯的人提供有效的帮助，使他们在打开书本后被书中所描绘的精彩世界吸引；在他们遇到阅读困难的时候没能够及时给予指导和帮助，无法让他们有拨云见日、豁然开朗的顿悟和喜悦。很多年龄相近的人，因为家庭环境等的差异，他们阅读能力的差别很大，阅读的文本也有很大差异。如果我们能够因势利导，对症下药，为每个孩子量身定制一个适合他的阅读方案，让他养成阅读的好习惯，就不是一件难事。孩子的阅读如此，成人的阅读也是如此。

学习态度的养成

做事情要想成功，除了必须具备相应的知识和技能之外，态度也是非常重要的因素。

态度是一个人对特定对象持有的一种稳定的心理倾向，其中包含他的主观评价以及由此而产生的行为倾向性。有人从小就不喜欢猫、狗之类的动物，一遇到它们就想躲避，要让他去深入了解这些动物的习性，就是一件非常困难的事情。人对某件事情的态度对其行为会产生强烈的影响。如果他喜欢这件事情，他可能就会行动起来；如果他不喜欢，甚至对此事深感厌恶，他可能就会抗拒这件事。学习也是如此，如果师生关系、生生关系是和谐的，学生对即将要学习的内容是充满期待的，这种积极的学习态度就会支持学生开展学习活动。

人对不同事物抱持不同态度，这些态度的养成是长期积淀的过程。美国教育家、课程理论专家泰勒对此做过仔细研究，并归纳出四种态度养成的方式。

环境的同化作用。一个人所处的生活和学习环境中群体的态度，对其态度的养成有着不可忽视的作用。父母的饮食习惯、生活习惯以及对待外界事物的方式，会潜移默化地对孩子产生影响，让孩子形成类似的、对相关事物的态度。人的很多态度往往在自己还没有意识到的情况下，就已经被家庭以及周围环境给同化了，以至于在群体中，人们做的一些事情被认为是理所当然的。

某种类型的经验引起的情绪效应。一位教师课上得好，每节课都能带给学生意料之外的收获和深刻的认知体验，几次课之后，学生就喜欢上了这个教师，经常盼他来上课。这是在学习中逐渐形成良好的情绪效应的典型事例。若学生在某一特定关系中总是获得不愉快、不满意的情感体验，那么他就会逐渐形成对此问题的负面态度。

创伤性经验。因为某次刻骨铭心的经历而对某件事物产生的态度，"一朝被蛇咬，十年怕井绳"就是如此。校园暴力、意外伤害、心理疾病……都可能导致人的心理、情绪甚至生理出现不正常的反应。

直接的智力过程。即通过学习来强化学生对某些事物的态度的过程。当学生了解特定行为的含义、分析出特定事物或者程序的本质时，他就能更加容易地参与到相应的智力活动中，在智力分析中获得知识，并形成偏爱或者厌恶的态度。

在上述四种方式中，创伤性经验用得并不是很普遍，其他三种方式在态度的养成方面均发挥了重要的作用。这就提醒我们要注意三点。

第一，要尽可能地创设良好的家庭、学校和社区环境，让其向有利于孩子养成我们所期待的态度的方向发展。我们所期待的态度是社会性的，是与公民的基本素养直接相关的，而不是自私的态度。通过建构家庭、学校和社会"三位一体"的新型关系，各方才能充分意识到培养健全公民的价值和意义，并在孩子态度养成方面目标一致。家长和教师多关注孩子的长远发展而不是眼前的利益，对于促进孩子社会态度的形成是非常重要的。

第二，要多创设机会，让学生以我们所期望的方式行动，并从中获得满足感。态度是在亲身经历和体验中逐渐感悟出来的。要想让学生对某个职业有正确的认识和态度，最好的办法就是让他在不断实践、感悟，在酸甜苦辣的多味体验中逐渐形成。学生有探索的天性，有感悟新知的好奇心，他们的很多期待和愿望其实并不复杂，关键是我们要意识到，要明白满足学生的这些期待本身所蕴含的教育价值，同时尊重他们的这些期待，多给他们提供体验、感悟的机会。

第三，要充分利用好课堂教学这一主阵地，为学生分析社会情境，帮助学生加深知识的理解，在此基础上培养他们理想的态度。怀特海说，不能加以利用的知识是有害的。只有那些能够和人类的感知、情感、欲望、希望，以及能够调节思想的精神活动联系起来的知识，才是有价值的。学生对自己所处的社会情境有独特的理解和认识，课堂教学一个非常重要的任务，就是设法将相关知识与现实生活、社会情境建立联系，通过科学原理来分析和认识世界，帮助学生看到自己在某些事情上抱有的偏见和成见，发现禁锢他们理解的内在原因。这样的发现之旅，对学生来说极为重要。教师在科学知识和现实生活之间架设的这座桥梁，有助于促进学生唤醒生活中的直接经验，把自己亲身经历、亲眼所见相关事项与所学知识建立联系，从而反思自己所持观点的意义，帮助他们形成正确的社会态度。

兴趣的培养

兴趣是人认识某种事物或从事某种活动的心理倾向，是以认识和探索事物的需要为基础的，是推动人认识事物、探索真理的重要动机。一个人的兴趣能够在很大程度上影响他专注于什么，以及做什么。兴趣往往促使一个人的行为集中于某一特定的方向，并在该方向上做持之以恒的探索，即使他没有做出世人期待的成果，也会在实践探索的过程中获得各种满足。

持续不断地获得满足感，是一个人的兴趣得以保持的重要心理机制。满足感来源于很多方面，比如由社会认同带来的满足感，在饮食、睡眠等生理需求中获得的满足感，从做成一件事情的喜悦中获得的满足感，等等。

如果一个人能在学习过程中不断获得满足感，他的学习兴趣自然就浓厚。培养学生的学习兴趣，是学校教育的热点之一，需要在四个方面狠下功夫。

一是发现学生的兴趣所在，给学生创设条件，让其在兴趣所在的领域做充分的实践和探索，并在探索过程中持续不断地获得满意的结果。比如写作文，总有一些学生不喜欢老师布置的作文类型或题目，但这并不意味着他们在写作方面没有潜力。有位语文老师就注意到了这一点，他发现有位学生特别喜欢推理作品，对其他题材没有兴趣，于是就建议该生多阅读推理方面的作品，和其他同学组成读书会共同探讨推理作品，并鼓励该生尝试写推理文章。几年坚持下来，这名学生写出了大量的推理类文章，其语文素养、写作能力也有了很大的提升。

二是要将学生的兴趣以及在该领域获得的满足感与他在其他方面相类似的经验联系起来。还以那个喜欢推理作品的学生为例，如果他能把在阅读和写作推理作品方面获得的满足感和在体育活动、社会交往等活动中获得的类似经验联系在一起，这些不同领域的满足感带来的情绪效应就会得到延续。重要的是，多元的正向情绪的联系，会促进大脑不同神经元之间的连接，更加有助于保持兴趣。

三是要满足学生对活动的需要，学生之所以喜欢游戏、活动，就是因为他们可以在对不同活动的广泛探索中获得满足感。这种满足感，既来自他们的感官体验，也来自活动本身，更与他们的好奇心被满足有直接关系。特别是那些需要在一段时间里持续开展的实践活动，如设计一个创意项目、排演一部大型舞台剧、持续进行一段时间的科学实验等。可以让学生沉浸其中，历经各种困难和挫折，并亲身体验柳暗花明。活动是将各种不同经验联系起来的有效途径。

四是妥善进行教学设计，让学生对那些感到厌倦或者厌恶的学习活动产生兴趣。教育要促进人的全面发展，就要在学生自身的兴趣爱好得到有效发展的同时，确保那些直接关系到学生核心素养养成的知识内容得到有效落实。面对那些学生不感兴趣但又关系到学生健康成长的学习内容，要通过课程教学改革、教学素材、教学手段、教学方法、教学流程的创新和再造，激发学生的学习兴趣。在我国基础教育领域，数学学科的变式教学，就是让学生在习以为常中发现不一样的天地的好做法，这对激荡学习思维起到了很好的作用。

每个人都有好奇心和求知欲。教育要做的，就是设法呵护孩子的这些好奇心和求知欲，让孩子在广泛涉猎的基础上，逐渐意识到自己感兴趣的事物和领域，并愿意在这些领域投入时间和精力。人的秉性各不相同，兴趣爱好也有很大差异，在培养学生的兴趣时，切忌一刀切，不要企图用统一的方式让学生产生相同的兴趣，而要根据每个学生的实际情况，帮助他找到自己的兴趣。

当我们要培养的兴趣与学生真心喜欢的事情合拍时，学生很容易就会沉浸其中，通过调动内驱力呵护自己的爱好。有的学生愿意练习乐器就是因为他们喜欢。有的人练着练着就放弃了，其原因之一就是这种乐器原本就不是他喜爱的。

做真心喜欢的事情，就算没得到别人的欣赏，也可以孤芳自赏，独享快乐，甚至可以做出较高的水准。培养兴趣不能太功利，不能总是和"成果""成功"等建立关联。有些兴趣，比如对古籍的研究等，可能还是很小众化的，但那又如何呢？只要自己喜欢就行！

语言对学习的影响

在婴幼儿时期，不同家庭给予孩子的成长环境是千差万别的。有的家长非常注重孩子身心的成长，每天都会抽出一段时间来陪伴孩子，和孩子沟通与交流，努力为孩子营造比较丰富的语言环境，让孩子借助语言来认识大千世界。有的家长则缺乏这样的意识，平时忙于工作，回到家后沉溺于手机游戏，对孩子不管不问；或者将抚养孩子的事全部交给祖辈，自己做甩手掌柜。而很多孩子的爷爷奶奶，会将主要心思放在如何给孩子提供良好的物质生活上，对孩子的精神世界、对孩子语言的训练和拓展明显关注不够。

有这样一对夫妻，他们都是单位的骨干，承担着繁重的工作任务。孩子出生之后，丈夫一直在外打拼，妻子休完产假后为了心无旁骛地工作，硬生生给孩子断了奶，并把孩子交给奶奶带。到周末，他们才有机会去看望一下孩子，在奶奶家里吃顿饭，然后就走了。这位奶奶平时不爱说话，也很少和外界交流，自从带孩子之后，出门的时间就更少了。孩子整天被关在家里，不是看电视就是自己玩。等到孩子上幼儿园的时候，这对夫妻才发现孩子有些不对劲儿：语言障碍严重，基本上不会和人交流，且十分胆小。

在语言贫瘠的生活环境中成长起来的孩子，在进入幼儿园后就将面临第一个难关：听不懂老师和同学说的话。我们知道，人要理解一件事情，通常是与此事有关的信息，已经通过某种感官进入大脑，在神经元之间形成了相应的神经回路，并被大脑所记忆。其中有相当一部分就是通过会话、听觉系统来完成的。当与此类似的事情发生的时候，会刺激相应的神经突触，让这一神经回路再次运作起来，唤醒已有的记忆。如果孩子在进入幼儿园之前没有经历过这样的神经回路创建过程，他就没有构建起这样的神经回路，就没有相关信息的记忆。而新的神经回路的创建是需要一段过程的，也是需要时间的。教师很难顾及每个学生的实际情况，如果大部分学生听明白了，并且回应了教师，教师就会以为所有学生都理解了，从而可能让那些在语言方面出现困难的学生陷入学习困境。

专家的研究表明，虽然导致学生学习成绩分化的原因有很多种，但语言基础薄弱是孩子在学习上遭遇困难甚至失败的主要原因之一。美国科学家曾经做过一项研究，结果发现，在幼儿园阶段有20%—30%的孩子听不懂教师所组织的课堂对话，这些孩子掌握的语言达不到学校教育的要求。

学习和理解语言不是一件容易的事情。

第一，对一个词、一句话，如果不经过反复多次、耐心细致的听说训练，学生很难理解其背后的意义。一个孩子从出生到一岁多的绝大多数时间里，反复不断地聆听父母等成人的话语，然后自己慢慢地去尝试理解这些话语的意义。

第二，语言本身是抽象的。如果仅仅是为了记住某些语言，自然会采取死记硬背的方式。虽然有不少语言确实能通过背诵记住，但如果孩子不理解其意义，过不了多久它们还是会被遗忘的。孩子学习语言，通常是和生活情境联系在一起的，他会尝试在某个情境中使用一个词、一句话，然后观察成人的反应。如果成人给予他鼓励和肯定，他就会不断反复地练习，强化语言和情境之间的关联；如果得不到成人的鼓励与肯定，他就会放弃尝试。

第三，孩子语言能力的高低，与他所处的文化环境有很大的关系。如果家长非常重视建立孩子和世界的联结通道，有意识地多和孩子沟通，孩子就会逐渐建立起对语言的敏感度，他的语言能力就有可能得到更好的发展。孩子的语言能力差与家庭不注重为孩子营造良好的文化环境，特别是语言交流的氛围相关。

第四，语言表达的不一致也会成为孩子学习的障碍。同样一个意思，不同地域人的表达可能并不相同，有的表达甚至还会给人带来误解。在人口流动日益频繁、班级学生来源地日益多样化的今天，增进不同地域的文化理解，让学生体验语言表达的多样性，应成为学校教育的应有之义。

学生在语言方面出现的障碍，很多时候会随着在校学习时间的延长而进一步加剧，学生自身的语言本领与学校对他们语言能力的要求之间的差距会越来越大。

孩子的生活处境

　　孩子的生活风格、性格特征等，大多是在家庭生活中养成的。目前，很多家庭有两个孩子，在养育孩子过程中，父母往往比较在意家庭环境的营造，却经常忽略或者误解每个孩子在生活中的不同处境。每个孩子的生活处境都是不同的，孩子表现出来的很多行为，都与他的生活处境有着直接的关系。

　　阿德勒曾对儿童的生活处境以及相应的行为特征做过仔细的分析和研究，其研究成果对有两个孩子的家庭育儿有着重要的指导意义。

　　如果家中有两个孩子，老大和老二的生活处境是不同的。在一段时间内，老大是家中唯一的孩子。父母将所有注意力都聚焦在他的身上，为他创造了较为惬意的生活环境。他很享受在家庭中的地位，并认为这是理所应当的。但随着老二的出生，情况发生了变化，父母将大部分的时间和精力放在了弱小的老二身上，对老大的关注度明显降低。老大的这种原来拥有很多，随着老二的到来，相关的权益被"剥夺"的经历，是老二完全感受不到的，两个人的生活处境有很大的差异。

　　生活处境不同，在某种程度上也让老大和老二在行为上出现差异。老大感觉到自己的地位受到影响，同时又很清楚老二也是家庭中的一员，他不可能回到过去的生活环境了。于是，比较常见的状况是，老大通过实施权威和领导作用来显示自己的地位，通过保护和帮助老二来表达自己的统治或者支配欲望。老大愿意保护老二，主动帮父母教育老二，这与他的生活处境是有直接关系的。相比较而言，老二对权力和地位就没那么关注，但他非常明白，自己无论在身体上还是心智上都比老大弱。

如果老大和老二的岁数相差不是很大，老二出生的时候，老大对自己的地位还没有清晰的认识，那么两个孩子的相处就会好很多。如果两个孩子年龄差距比较大，情况就会比较复杂。那些孩子已经比较大的父母，在政策允许的情况下想要老二的时候，老大的反应可能会比较激烈。有些父母刚有这样的想法就遭到老大的强烈反对，有的家庭在有了老二之后，老大突然变得比较叛逆，这可能与老大感到自己的地位受到威胁有关系。父母要能意识到孩子生活处境的改变，体察孩子因此而产生的微妙心理，及时化解孩子的心理压力。

在两个孩子的家庭中，经常发生这样的情况：一个孩子安静、谦和，家人都比较喜欢他，另一个则喜欢吵闹、争抢，让家人非常头痛；一个在学习上非常自觉、努力，学习成绩也非常出色，另一个则很懒散，成绩也不尽如人意……其原因可能在于孩子对生活处境的分析和判断不同。

孩子因为竞争而出现的行为偏差有很多种，调皮捣蛋是其中最为常见的。如果你从整个人生历程来看这些调皮捣蛋的孩子，就会发现他们长大后往往变得非常优秀。他们能够想出各种点子来实施调皮捣蛋的行为，就是聪明的表现。如果家长在他们比较叛逆的阶段多一些理解和关心，他们长大后就会更有出息。当然，也有孩子会出现一些特殊的行为，比如口吃。口吃有一种原因就是孩子发现自己在家中受到的关注减弱，想通过这样的行为来吸引家长的注意力。又如，有的孩子表现得很懒散，生活在幻想的世界里。产生这种现象的原因可能是孩子不相信他有能力获得成功，于是就放弃可以使自己变好的手段和机会，把自己孤立起来，用对外部世界的麻木不仁来保护自己免遭伤害。这类孩子有一个特点，喜欢做白日梦，让自己在梦幻中变得非常伟大或非常优异，以此来慰藉自己敏感的心灵。

每个孩子都是独特的，期望遵循同样的规则来解决不同儿童的问题，是行不通的，对此家长要有清晰的认识。

孩子的社会交往

对儿童来说，进学校学习具有里程碑的意义。原来的生活环境以家庭为中心，不少独生子女在家里是"小太阳"，一家人就像行星那样围绕着他转，他提出的各种要求都能及时得到响应。进入学校之后，他们忽然发现自己的地位变了，从家里的"小太阳"变成了一颗普通的星星，他们在班级、学校里说的很多话、提出的各种要求常常无人理睬，这会让他们非常抓狂，甚至可能产生不愿意去上学的想法。孩子早上总是不愿起床，需要多次喊叫和催促；吃早餐时总是磨磨蹭蹭，动不动就迟到；上学时常常丢三落四，不是忘记带课本就是丢失作业本……这些现象的背后，可能是孩子不喜欢学校。这些行为的出现，可能反映出孩子在设法逃避去学校。

人在刚出生时是弱小无助的，需要经过十多年的发育，大脑神经系统才能基本定型，而整个身心发育的时间更长。在长大之前，人要经历漫长的学习过程来促进心智的成熟和身体的发育。因为儿童身心不成熟，教育就成了必需品；因为儿童很难保护自己，群体性生活就成了必然选择。经由教育，孩子才能逐渐参与社会生活，最终走向社会。

要让孩子进入学校后不出现上述现象和问题，家长就要让孩子从小参与社会生活。在孩子两三岁的时候，家长就应该为孩子今后逐渐走向社会做铺垫，让孩子经常与其他孩子一起做游戏，帮助孩子化解在游戏过程中发生的矛盾和冲突，引导孩子接触陌生人，让孩子克服腼腆、羞怯甚至害怕的心态，避免孩子对外部世界和陌生人抱有敌意。现在很多城市家庭不大与人交往，就连一个楼道里的人相遇，都像陌生人一样。人们会在自己的家人和外人之间画出一条非常清晰的界限，仿佛有一条鸿沟把自己的家庭和外部世界隔离开来。家长对外部世界的过度谨慎态度甚至敌意，会在无形中传递给孩子，让孩子不能自然地与外界进行沟通和交流，很难建立起良好的社会关系。

家庭环境还有一个很大的问题，就是每个人都被智能设备绑架，即使一家人聚在一起，也常常无话可谈，每个人都拿着自己的手机在浏览新闻，刷微信，和外界进行虚拟互动。即使一家人坐在一起吃饭，也是各自低头翻看手机，家庭成员之间虽然实际距离很近，但心贴心的沟通和交流很少。这非常不利于培养孩子的人际交往能力，也不利于孩子模仿家长去建立社会关系。

在孩子从家庭生活转到学校生活的过程中，很多家长没有意识到孩子所处生活环境的改变对他的人际沟通能力、社会交往能力提出的新要求，没有提前有意识地培养和提升孩子这些方面的能力，甚至在将孩子送到学校、孩子大哭大闹不愿意去的时候，一些家长也没有从社会交往的角度，思考环境的改变给孩子带来的巨大压力，反而经常采取强迫的方式逼孩子去学校，这无形中更增加了孩子的无助感。

阿德勒认为，理想的学校应当成为家庭与广泛的现实世界之间的中介。它应该是一个既传授书本知识，又传授人生知识和艺术的地方。从这个意义上讲，学校和老师要非常关注新入学的儿童在社会交往方面的一些特征，努力避免孩子一进入学校就成为问题学生，遭遇人生的一次失败。孩子将要在学校里进行十多年的学习，如果刚走进学校就由于社会交往等原因出现心理问题，就可能会影响他的一生。

在面对上学迟到、做事情丢三落四的学生时，教师不要轻易惩罚他们。生活环境的变化已经让他们感到无所适从了，家长或者教师的惩罚，则会进一步推动他们在错误的轨道上渐行渐远，放弃自己在学习上所做的努力。

在学生入校前，学校一般会要求班主任做家访，实地了解孩子的家庭状况和社会交往情况，这是一个很有效的办法，应该坚持下去并尽可能做好。教师通过与学生家庭成员的互动和交流，能够获得学生成长的鲜活信息，能更准确地把握学生在社会交往方面的特点，这都有助于教师因材施教。除此之外，学校还要给每个班级留出一定的时空，让班主任和任课教师多做些衔接工作，引导学生适应新的学校环境，学习如何与人交往。在这些方面多花费一些时间和精力，会让教师在今后的教学中减少很多不必要的麻烦，有事半功倍的效果。

信任的价值

一位网友写了一篇博文，记录了自己和女儿闲聊时的一番对话。

女儿说："老师都不可信。"

网友问："怎么回事？"

女儿说："班主任请了几天假，回来后班里发生过什么事她都知道了，代课老师什么都跟她说了。连同学和代课老师说的秘密话，她也知道了。班里有好几个班干部都向班主任打小报告。班主任很自豪地说：'你们什么事情都瞒不了我。'"

网友问："老师知道了你们的秘密又怎样呢？"

女儿说："老师会翻白眼啊！她特喜欢翻白眼，也会记仇。如果她发现谁有问题，就会对谁很凶，所以大家不怎么喜欢她。"

代课老师很"认真"地将自己代课时发生的事情一五一十地告诉班主任，想来是对自己的代课工作做一个交代。而班主任很"较真"，凡是自己不喜欢的事情，即刻通过自己的言谈举止表现出来。然而，就在这"认真"和"较真"之中，学生的心灵受到了伤害，师生关系蒙上了阴影，慢慢地，学生也就不再向老师倾诉心声了。苏霍姆林斯基说，如果学生不愿意把自己的欢乐和痛苦告诉老师，不愿意与老师坦诚相见，那么谈论任何教育都是可笑的。

◎ 信任是一种依赖关系

学生愿意把自己的心里话说给老师听，是因为他们信任老师，他们相信老师会对自己好，会真心地分享自己的酸、甜、苦、辣，为自己指点迷津而不会让自己受到伤害。信任是一种依赖关系，我们信任钟表，是因为它能给我们提供准确的时间，提醒我们该做什么事情了；我们信任家庭，是因为它是温馨的港湾，回到家里就能得到放松；我们信任老师，是因为老师是一盏灯，能够照亮我们前行的道路，帮我们指明行走的方向……

人对物件的信任和对他人的信任是有很大区别的。我们信任钟表，但钟表也有出错、罢工的时候，当你特别想知道时间而钟表恰好没电停摆的时候，你会有些沮丧，有些失望。而信任一个人情况则不相同，它意味着你可以安全地与他相处，不用时刻提防他，不用害怕他会出卖或背叛你。当你以这样的心态和对方交流，把自己的心里话都说给对方，却发现对方并没有为你严守秘密的时候，你的感觉是他背叛了你，你被出卖了。

信任一个人，我们就不得不承受被他背叛的风险。孩子如果被信任的朋友背叛了，往往会悲痛欲绝，甚至感到整个世界将要塌了似的。如果孩子信赖的大人也做出背叛他的事情，那他内心的惊愕和挫败感不知又会增加多少倍。人与人之间建立起信任感其实非常难，而摧毁这份信任只需要一丁点儿的时间或一个看似随意的举动。反过来说，如果别人信任你，你就应当担负起不背叛、不出卖的道德责任。这是一份沉甸甸的责任，需要用心去担负。

◎ 做学生信任的教师

成长是一个艰难的历程，需要不断地学习，需要众人的帮助，才能完成，而帮助只有在信任的前提下才会发生。当学生对老师失去信任时，他就会逐渐关闭和老师沟通交流的通道，同时也会关闭向老师寻求帮助的途径。

学习的发生是建立在教与被教双方和谐关系的基础上的。相关的研究表明，人从五种感官获得的信息，有98%都被大脑的自我系统屏蔽掉了，只有2%左右的信息被推动到认知系统，引发学习的动机。什么情况下教师传递的学习信息容易被学生感知到呢？就是在师生关系和谐，同学之间互相关爱，整个课堂氛围安全无忧，可以让大家在其中身心愉悦地学习的时候。而这样的氛围和关系，就是建立在学生对教师信任、对同学信任、对课堂信任的基础上的。

学校教育的首要任务，就是要建立起学生对学校、教师、学习环境的信任，这需要学校和教师理解学生的精神世界，呵护学生的自尊心，真诚地关爱并尊重每个学生。

在建构师生之间的信任关系方面，教师要发挥榜样和示范的作用。教师每天面对班级里的学生，自然能够洞察每个学生的优点和缺点，更可以通过学生的悄悄话了解到很多自己的视野所不能及的现象。教师在理解、呵护和尊重学生的同时，要锤炼的一项重要本领，就是在知晓很多事情的情况下能够隐忍不说，仅仅做好守护的工作。教师的这种"守口如瓶"，会给学生带来更多的信任感，为他们营造安全无忧的环境。

纸条的魔力

一天，我在网上读到了网友"流水无波"讲述的一个教育故事。

在编排考场座位的时候，"流水无波"老师想到了几个平时书写速度很慢的孩子，其主要问题，不在于速度，而在于心态。他们有时不想写作业，或者作业稍微有点儿难，就自己"打倒"自己，索性不下笔。

考试前一晚，"流水无波"老师准备了几张便利贴，简单地写了几句话，大意是老师相信你的实力，做事要竭尽全力；不要轻言放弃，先做容易的题再做难题之类。开考前，她轻轻地走到几个重点关注对象身边，微笑耳语："这是老师送的考前礼物，请一会儿悄悄打开。"

考完之后，阅卷，忙碌，"流水无波"老师没有多少时间与孩子们交流。然而，考试成绩出乎"流水无波"老师的意料。得到便利贴的那几个孩子，试卷答得都很漂亮，没有有意落下的题目，字写得也很工整，显然是很用心做的。有一个孩子，刷新了他自上学以来的语文成绩，得了91.5分，孩子母亲对此也很诧异和感激。"流水无波"老师再一次查看这个孩子的试卷，发现上面有很多更正的痕迹，那是他用心推敲答案的结果。

一张纸条竟产生了如此魔力，这可以给我们哪些启示呢？

第一，每个学生内心都是向好的，都想向别人展现自己美好的一面。

考试既是对学生阶段学业成果的检验，也是一种展示，是对教师和家长的一个交代。不管是学习优秀的学生，还是平时学习不太用心的学生，每逢考试往往都会有紧张感和焦虑感，都希望展现出自己美好的一面。

一张纸条，既是学生紧张和焦虑情绪的缓释剂，同时也发挥了树立自信和指引方向的作用。"相信你的实力"，让学生感到自己是有能力完成这份试卷的；"不要轻言放弃"，则让学生找到了给自己树立信心的路径。这些孩子因为平时不够用心，因此对考试的焦虑感比别人可能要重一些；因为想展示自己美好的一面，因此期望得到帮助的心情比别人可能会强烈一些。这个时候，老师写的这张纸条的魔力就产生了。

第二，教师应毫无偏见地对待每个学生，相信每个学生。

学生的秉性、天赋各不相同，优势智能存在明显的差异，因此在学习同一门学科的知识时，理解能力不尽相同。但有一点是相同的，那就是学生都希望得到老师的肯定和鼓励，都希望在课堂上有所收获。

教师每节课都有预先设计好的教学进度，这大体上是根据全班同学的平均水平并兼顾学期的整体教学内容安排设定的，必然会导致一部分学生理解起来有困难，听课时兴趣不高，做作业也有畏难情绪。这个时候，最考验老师的敏锐性和智慧，他们应该能看到哪些学生在学习上存在困难，并采取恰当措施予以帮助。"流水无波"老师显然对学生平时的学习状况了如指掌，更重要的是她爱每一个孩子，"爱无差等"，并且真诚地将这种关爱表达了出来，让学生感受到，这给了学生很大的信心。

第三，激发学生学习的内驱力，是学生持续发展的基础。

一张纸条，促使学生以阳光的、充满自信的心态迎接考试，但所有魔法都有消退的时候，纸条的作用是有时限的。只有激发学生学习的内驱力，让他们发自内心地喜欢这门学科，才可能让魔力常在。

激发学生的内驱力，关键在于教师要从学生的实际出发，按照学生的实际来设计教学内容和教学进度，而不是根据教材来设定教学内容和教学进度。教材只是一个例子，语文课文更是如此。不是每篇课文都必须精讲的，联系学生的生活实际和学习基础是首先要考虑的问题。

激发学生的内驱力，关键要多听学生对学科的感受，要根据学生的感受及时调整教学的进度的设定和难度，以及教学内容。学习是学生自己的事情，教师不能越俎代庖。如果教学进度以及教学内容的选择缺少学生的参与，要让学生有兴趣参与到学习中来，是很困难的。

摔倒的妈妈

一天，我和一个学生家长聊天。家长讲了这样一件事。

孩子在成长的过程中免不了出现磕磕碰碰，甚至会摔倒。每次摔倒之后，妈妈都不动声色，让孩子自己爬起来，以此锻炼孩子坚强和自立的品格。

有一天，妈妈在家里操持家务的时候，不小心让椅子绊了一下，摔倒在地上，疼痛难忍。坐在桌子边写作业的孩子，看了妈妈一眼，一声不吭，没有起身来扶一下妈妈的意思。

妈妈忍痛爬起来之后，问："为什么看到妈妈倒在地上，你不来扶一把？你知不知道妈妈摔得很疼？"

孩子说："知道啊。我每次摔倒的时候也很疼，但你从来不来扶我。我本来想要去扶你的，但想起你一次也没有扶过我，所以就没有动。"

这是一个很值得深思的故事。

第一，孩子摔倒了，家长该如何应对？

仔细想想，在教育孩子的时候，家长是很容易从一个极端走向另一个极端的。现在的孩子，大多数是独生子女，家长的心肝宝贝。在照顾孩子的过程中，家长自然给予了无微不至的关心。不过近些年来，有人认为是家长对孩子过于溺爱，导致了孩子抗挫折能力比较差，依赖性太强，很难走出独立生活的第一步，等等。

为人父母者，在这样的批评声中，常常会反思自己的行为，担心太过溺爱不利于孩子今后的发展。于是，一些家长采取与上述妈妈类似的教育方式，孩子自己能做的事情绝对不管，孩子跌倒在地，一定要让他自己爬起来……以此培养孩子坚强的品格。

其实，摔倒在地的时候，孩子是有一种不安全感的。这种不安全感一方面来自自己对环境的判断，当他感到不能控制自己的身体时，心中自然会有一些沮丧；另一方面来自家长的态度，如果摔倒后家长再责怪两句，会让他更加有挫败感。摔倒本来是有些疼的，如果家长进一步加强了孩子的不安全感，孩子就会很无助，哭泣就是自然而然的事情了。

对孩子过于溺爱的父母，看到孩子摔倒后非常紧张，赶紧抱起来，又是哄又是承诺，这实际上从另外一个角度加强了孩子的不安全感，让孩子对周围的世界产生恐惧，孩子往往会以号啕大哭的方式来表达自己内心的无助感。如果孩子每次摔倒，家长都是如此，那么对孩子正确认识世界一定会造成阻碍。看到孩子摔倒了，家长不动声色，则是将带领孩子探索周边世界、寻求安全感的过程让孩子独立承担了。这是一个艰苦的过程，其中有些感悟和体验本该是孩子和父母一起分享的，现在则由孩子自己来体悟和判断。孩子是可以独立走过这一历程的，但他不是生活在真空的环境里，他会看到其他孩子摔倒后他们父母的应对措施，他会将这些景象和自己摔倒时的情景进行对比，在对比之中自然会对自己的父母有些想法，可能会认为自己的父母缺少人情味，太冷酷无情，于是，在自己的父母摔倒后，也会无动于衷。

真理通常不在两极，而在两极之间的某一地带。太过溺爱孩子，可能导致孩子过于依赖家长；太过于让孩子独立，可能导致孩子对家长态度漠然。当然，用"漠然"这个词可能有点儿夸张。在孩子摔倒的时候，家长不能像没有看见一样，让孩子自己去处理，也不能表现出很紧张的样子，给孩子带来额外的心理负担。不妨在事后和孩子做一些交流，检查一下他的身体有没有受伤，说说父母对这件事情的看法，等等，让孩子感觉到家长是很关心他的，也给了他充分的自由和空间。

第二，家长的为人处世，对孩子有潜移默化的影响。

俗语说"有其父必有其子"，具体到某个家庭，可能不完全正确，但从统计学上看，肯定是有道理的。这是家庭教育的结果，而且这种教育是潜移默化的，是人们通过父母和子女的行为举止慢慢悟出来的。

孩子天生就是一个学习的积极分子，他学走路，学用碗筷吃饭，学习语言，学习待人处世的方式，等等。从能够自由走动开始到进入小学的这个阶段，孩子最喜欢做的游戏就是过家家。在过家家的过程中，孩子一般会模仿自己的家长和亲友待人处世的作风与行为，并通过这样的模仿，将其内化为自己的行为。

父母是孩子的第一任老师，也给孩子提供了最早的课程，这就是如何生活，如何待人处世。孩子往往会将父母对待他的这些做法牢牢地记下来，在今后成了家，有了自己的孩子的时候，再将这种做法传承给下一代。如何尽到第一任老师的职责，是每个父母都必须认真思量的。

在上述故事中，那个摔倒的妈妈还是很受伤的，这种伤痛不仅是身体上的，更是心灵上的。但这未必是一件坏事，因为这位母亲已经从中发现了自己对孩子的教育出现的问题，开始尝试去做出改变了。

从福楼拜想到的

福楼拜是 19 世纪法国具有代表性的作家。他很小就热爱文学,学业成绩优异。福楼拜的父亲是一个医生,一直希望福楼拜子承父业,中学毕业后去学医,在看到福楼拜没有从医的愿望之后,又逼福楼拜去巴黎学习法律。

福楼拜遵从父亲的意愿来到了巴黎,度过了自己一生中的"黑暗时代"。他有自己的理想和追求,但现实让他无所适从。他不仅对社会感到不满,对人生感到绝望,还得了神经症。1844 年神经症的突发使他不得不永远停止了学业。

1845 年,福楼拜的父亲去世之后,福楼拜偕同母亲住到鲁昂附近克鲁瓦塞的一所独立楼房里埋头写作,并在这里终老。他孜孜不倦地构思和写了《包法利夫人》《萨朗波》《情感教育》《圣安东尼的诱惑》等不朽的杰作。

福楼拜的经历,给了我们很多启示。

第一,家长对成功如何定义,决定了教育孩子的方式和途径。

在福楼拜的父亲看来,显然从事医学或者法律的人才是成功人士,在社会上有一定的地位,能够受到他人尊重,而进行文学创作似乎是上不了台面的,是被人瞧不起的。正是因为有这样的价值观,他让孩子们从小就生活在自己管理的医院里,潜移默化地接受熏陶,努力在孩子们的心中播撒医学的种子。福楼拜的哥哥就是在这样的环境中走上了从医的道路。

今天许多父母在教育孩子的时候，依循的思维模式和福楼拜的父亲并没有多大的区别。他们认为会弹钢琴可以体现一个人的文化修养，于是就带孩子寻找名师，勤学苦练，一次次参加升级考试；他们认为领导才能对孩子今后的工作和生活很重要，于是想方设法创造条件，让孩子寻找当官的感觉；他们认为大学的某些专业很好就业，在选报志愿的时候，坚决地替孩子做主，把决定权紧紧掌握在自己手中。家长的威权使得孩子几乎没有表达自己内心意愿的机会，只能默默地接受家长既定的安排。

第二，家长给孩子创造良好的学习环境，并不一定能保证孩子取得成功。

福楼拜的父亲发现福楼拜没有从医的愿望时，立刻想到了另外一条道路——学法律，于是不惜投入更多的资金让福楼拜到巴黎学习，为他的成功创造条件。但优越的学习条件并没有激发福楼拜的学习兴趣，反而让他的身心都受到了极大的摧残和伤害，甚至到了崩溃的边缘。如果不是父亲去世了，福楼拜能够坚强地活下来吗？能够写出恢宏的巨著吗？这还真的很难说！

今天很多父母仍在继续重复过去的故事。孩子考上一所普通高中，家长便想方设法将其安排到一所重点高中去借读，努力为孩子创设更加优良的学习环境；孩子有非考试学科方面的特长或者天分，家长却总是要求孩子在考试科目上取得优异的成绩，并为此给孩子聘请家教，甚至是一对一的辅导，希望孩子和其他人一道去挤独木桥；孩子希望在某一领域做深入研究，家长则认为从事这个领域的工作没有出息，一定要求孩子报考名牌学校或者是在家长看来有前途的专业……

问题是，学习是孩子自己的事，家长创设的学习环境再优秀，如果不能调动孩子的内驱力，也是无济于事的。

第三，家长认同孩子的特长和内在需求，让孩子自己走最重要。

加德纳的多元智能理论告诉我们，人的智能是多元的，每个孩子都有与众不同的优势智能，从而形成了他独特的个性。一个人的成功往往取决于他在自己的优势智能方面有多大的发展。也就是说，成功的标准也是多元的。家长不能自己先造出一把尺子，然后用这把尺子来度量孩子的成长，而应该仔细观察、深入了解孩子的兴趣和特长，发现他的优势智能，并和孩子一起呵护它。

卢梭在他的名著《爱弥儿》中自问什么是最好的教育，他的回答是，最好的教育就是什么也不去做。这话可能有点儿偏激，但仔细想想还是有一定道理的。养育孩子就像种庄稼。水稻和小麦生长所需要的环境、土壤和水分等条件不相同，我们不能将小麦和水稻的种子播种在同一片土壤里，让它们结出相同的穗来。同样，我们不能要求孩子都按照家长设定好的路线图去学习，不能要求他们不准越雷池一步。

禾苗的生长有内在的规律，揠苗助长只会适得其反。家长应该向农夫那样，在适当的时候给禾苗追肥、浇水，更多的时候要让禾苗自由自在地生长。

心灵的疤痕

　　有这样一个心理实验：

　　心理学家们征集了十位志愿者参加一个名为"疤痕实验"的心理研究活动。志愿者被分别安排在十个没有任何镜子的房间里。心理学家们请化妆师在每位志愿者左脸颊上精心地涂抹上了逼真的"鲜血"和令人生厌的"疤痕"，并用随身携带的小镜子让每位志愿者看到自己脸上的"疤痕"。随后，心理学家们告诉每一位志愿者，为了让"疤痕"更逼真、更持久，他们需要在"疤痕"上再涂抹一些粉末。事实上，心理学家们并没有在"疤痕"上涂抹任何粉末，而是用湿棉纱把化妆出来的疤痕和血迹彻底擦干净了。

　　志愿者们被分别带到了各大医院的候诊室，装扮成急切等待医生治疗面部疤痕的患者，在这里充分观察和感受人们的种种反应。他们的感受出奇地一致。志愿者 A 说："候诊室里那个胖女人最讨厌，一进门就对我露出鄙夷的目光。她都没看看她自己，那么胖，那么丑！"志愿者 B 说："现在的人真是缺乏同情心。本来有一个中年男子和我坐在同一个沙发上的，没一会儿，他就赶紧拍屁股走开了。我脸上不就是有一块疤吗？至于像躲避瘟神一样躲着我吗？这样的人，可恶得很！"志愿者 C 说："我见到的陌生人中，有两个年轻女人留给我的印象特别深。她们穿着非常讲究，像有知识、有修养的白领，可是我却发现，她们俩一直在私下嘲笑我！如果换成两个小伙子，我一定将他们痛揍一顿！"……他们普遍认为，众多陌生人，对"面目可憎"的自己都非常厌恶，缺乏善意，而且总是很无礼地盯着自己的伤疤看。

这一实验结果，让早有准备的心理学家们也吃惊不小：人们关于自身错误的、片面的认识，竟然如此深刻地影响和改变了他们对外界的感知。他们不知道自己的脸部是干净的，而是将疤痕牢牢地装在了心里。正是心中的疤痕频频作怪，才使得他们的言行、对陌生人的感受与以往大为迥异。

这个故事告诉我们以下几点。

第一，印在心中的疤痕会影响人的判断。

人总是不断地找寻自己在世界上的位置，而自己身体的、心灵的感受，是人确定位置时最重要的依据。

身有残疾的人，常常非常敏感，别人说的各种话语，他都会往自己的身上去联想，从而判断别人对自己是否不尊重。在集体生活中，人们也有这样的感受：一个人在群体中做错了一件事情，很长时间会抬不起头，会认为别人所说的每一句话，都是在含沙射影地指向自己。

一个印在心中的疤痕，会让人做出自己不够可爱甚至令人生厌、自己卑微无用、自己有缺陷的心理暗示或定位。在和外界交往的过程中，人会在不知不觉中寻找佐证自己观点的案例，并由此"确定"外界认为自己确实就是那样的一个人。

第二，每个人的心中或多或少都有一些疤痕。

每个人心中或多或少会有一些这样或那样的疤痕。这些疤痕，有的是外界强加上去的，而更多的是自己刻印上去的。这些心中的疤痕会通过人的言行，毫无遮掩地展现出来。

学生小明，从小学一年级开始就被戴上了"弱智"的帽子，被安排在教室的一个角落里，没有人关注他。在教师和同学们的共同"努力"下，小明接受了这一现实，开始了自己在班级里小心翼翼混日子的生活，作业不用写，提问不用回答，公开课不用参加，游戏不能参加……他的双眼慢慢变得混沌、迷乱，飘忽不定。他已经失去了自己，认同了这项可怕的帽子。升入新的年级，班里换了老师，新老师很快就注意到了小明被冷落的境况，努力给他创造机会，让他参与到班级活动、课堂学习之中，没想到他认为自己无法完成相关的任务，不愿参与进来。新老师想尽了各种办法，用了很长时间，才让他逐渐意识到自己原来也是可以学习的，也是有优点的。

由此可见消极的心灵疤痕、不正确的思想和心态对人的危害有多大，我们要警惕它对自己的影响。

第三，及时清除心中的疤痕才能轻装前行。

有这样一个故事：老和尚和小和尚准备去远行，老和尚告诉小和尚，不能近女色。师徒二人下山后路过一条河，看到一个女子因为水深不能过河。老和尚于是将那个女子背到了河对岸，然后放下。师徒又上了路。一路上小和尚想：不让我近女色，你自己一把年纪了却去背人家过河。走了有十几里路，小和尚实在憋不住了，就问老和尚："为何不让我近女色，您却……"老和尚说："我把人家背过河就放下了，你却把人家背了十多里路。"

心灵的疤痕也是这样。很多时候，只要我们学会放下，心中的疤痕慢慢就会消失。经常做一些类似放下的清理工作，淡化甚至消除心中的疤痕，才可以让自己轻装前行。

有这样一句格言："别人是以你看待自己的方式看待你的。"为什么不多给自己一些正能量呢？

渔王的儿子

　　有个渔人有一流的捕鱼技术，被人们尊称为"渔王"。然而渔王年老的时候非常苦恼，因为他的三个儿子的捕鱼技术都很平庸。

　　于是他经常向别人诉说心中的苦恼："我真不明白，我捕鱼的技术这么好，我的儿子们的捕鱼技术为什么这么差？我从他们懂事起就传授捕鱼技术给他们，从最基本的东西教起，告诉他们怎样织网最容易捕鱼，怎样划船最不会惊动鱼，怎样下网最容易'请鱼入瓮'。他们长大了，我又教他们怎样识潮汐，辨鱼汛……凡是辛辛苦苦总结出来的经验，我都毫无保留地传授给了他们，可他们的捕鱼技术竟然赶不上技术比我差的渔民的儿子！"

　　一位路人听了他的诉说后，问："你一直手把手地教他们吗？"

　　"是的，为了让他们学到一流的捕鱼技术，我教得很仔细、很有耐心。"

　　"他们一直跟随着你吗？"

　　"是的，为了让他们少走弯路，我一直让他们跟着我学。"

　　路人说："这样说来，你的错误就很明显了。你只传授给了他们技术，却没传授给他们教训。"

　　这样的故事，在我们身边也是经常发生的。

　　课堂上，就有这样一类老师，他们唯恐学生在学习中犯错误，走弯路，便将一个个问题的解题思路非常认真、细致地总结出来，讲给学生听，让学生按照自己设定好的思路去学习。老师备课备得非常辛苦，讲得也非常细致，但最后的成效往往并不好。

为什么如此精心准备，到头来却常常事与愿违呢？

第一，"青出于蓝而胜于蓝"不是手把手能教出来的。

在众人对"钱学森之问"进行深思的时候，一位年轻的学子引起了大家的关注。出生于浙江省诸暨市、博士毕业于英国牛津大学的张维加，在北京大学读书期间就以第一作者的身份发表了论文27篇，其中SCI（科学引文索引）与EI（工程索引）论文7篇。而他在进入杭州市第二中学读高中不到一个月的时间，就向校长提出申请，要求多门课程免试，以便争取更多时间进行自己的研究。在得到校长的批准后，张维加利用高中前两年的时间翻阅大量资料，写出论文《寒武碰撞性大陆起源与生命进化的研究》，在全国青少年科技创新大赛中名列前茅，也因此被保送进了北京大学。

张维加的事例告诉我们，学习是学生自己的事情，只有学生内心有了学习的需求和兴趣，学习行为才可能发生。如果学生没有内在的学习需求，或者说有内在的需求但得不到满足，只能跟着老师亦步亦趋地前行，时间长了学生的自我判断能力就会逐渐消失，最终只能跟着别人行走，不敢越雷池一步。

第二，经验和教训，都是学习的重要内容。

学科知识是前人经验和智慧的结晶，教师对此往往比较看重，会花很多时间在这上面，并逐一讲给学生听，就像渔王手把手地教自己的孩子那样。这是必要的，但教师往往局限于此，对教训关注得不够，无论是先辈在探索实践中的教训，还是学生自己在学习过程中的教训，都很难成为学习的内容，很难成为师生反思和讨论的话题。

实际上经验和教训都是学习的重要内容。经验是对一次次失败的原因进行总结，逐渐悟出来的。如果没有教训，也就不存在经验。从学习间接知识的角度来看，如果不研究某一项规律、原理在形成过程中人们走过的弯路和付出的代价，对这项规律、原理就不会有更加深刻的认识。

从实践的角度来看，如果不让孩子经历一次次的失败，他就不能真正理解成功；如果没有教训，也就不可能有经验。

第三，让孩子自己走，不要总是包办代替。

渔王的三个孩子是否都喜欢学习捕鱼技术，故事里并没有交代。如果他们原本就不喜欢，只是渔王自己一厢情愿，那他们是不可能娴熟地掌握捕鱼技术的。有些家长就像这位渔王，总是替孩子设计好生活、学习中的一切内容，从来不关心孩子心里想些什么，还美其名曰"是为了孩子好"。

对一个班级的学生来说更是如此。一个班级有几十名学生，他们的志趣、爱好各有不同，教师统一要求这些个性不同、志向迥异的个体，本身就有问题。要在教学中照顾班级中的每一个学生，一个班级里的学生人数就不宜过多。芬兰在国际学生评估项目测试中取得良好的成绩，一个很重要的原因就是他们施行小班小校的策略，为每个学生的个性化发展提供了充足的时空。最好的爱，不是让学生"跟我走"，而是让学生自己走。教师的责任是帮助学生找到他的兴趣所在，并努力呵护他的这一兴趣。

培养判断力

因抉择不当而导致失败，相信很多人都有感受。

孩子孝敬老人，给他们买了一箱苹果，但他们平时节俭惯了，舍不得吃。一段时间之后有苹果开始腐烂，老人看着非常心疼，决定抓紧时间吃苹果。他们每天挑选坏的苹果先吃掉，没想到每天都有烂苹果出现。原本一箱好好的苹果，最终他们吃到的全是烂掉的。

吃烂苹果这件事，蕴含着老人的判断与选择。在老人看来，一方面，苹果没有烂成"软柿子"，只是局部出了问题，只要将这坏的部分去掉，其他部分照样可以吃；另一方面，先把烂苹果吃掉，等于是给整箱苹果去掉污染源，剩下的苹果应该不再容易腐烂才是。让老人没想到的是，病菌对苹果的侵蚀，并不局限于腐烂的那一部分，只不过那一部分比较严重，表现出来了而已。另外，一个烂苹果周围的苹果，也会被病菌侵蚀，只不过没有立即表现出来而已。它们就像链式反应那样，每个受到病菌侵蚀的苹果，都会成为一个新的病菌源，向周围的苹果传播病菌，最终导致老人吃了一箱烂苹果。

如果箱子里出现烂苹果，应该立刻采取果断措施，将其扔掉，同时将其周围的苹果从箱子里取出，切断病菌传播的路线。这才是应该做的正确决定。

所谓判断力，简单地说，就是一个人面对选择的时候能够做出正确决定的能力。蒙田强调，"学习和教育只服从于一个目的"，即培养学生

"完美的判断力"。在蒙田看来，一个人只有形成了自己独立的判断力，才能正确认识自己，对待社会，而不至于沦为各种权威、迷信和诱惑的奴隶。培养判断力是教育的头等大事和中心任务，也是全部教学方法的基础和出发点。

人生就是一个不断选择、不断判断的过程。想吃什么需要选择与判断，与人相处需要选择与判断，工作调整面临选择与判断，生活起居充满选择与判断，兴趣爱好源于选择与判断，重大事项离不开选择与判断……有了选择的机会，并不一定就能做出正确的决定，因不当的抉择而导致失败的案例比比皆是，老人吃了一箱"烂苹果"就是其中之一。

提升判断力，一方面需要加强学习，既要注重知识的积累，又要强化知识之间的内在联系，在遇到具体问题时能够透过现象看到本质，把握其核心要素；另一方面需要勤于实践，珍惜每一次面对选择的机会，自主做出判断。为了帮助孩子做出正确的判断，家长和教师要给出具体的指导。蒙田就此给出过具体的建议：对事物或事件的判断，不能无限扩大和延展，要"就事论事"；对人的判断，不能以现象代替本质，也不能以偏概全。要看他整个的人生历程，才能真切地看到他是否具有真正的美德，要由表及里深入一个人的灵魂深处，才能看清他的真正动机。

从教育的角度看，要培养学生的判断力，教师要在以下几个方面做出努力。

一是切实树立"以人为本"的教育理念。在课程设置上，教师要给学生选择权，不应再是全班学生用一张共同的课程表，每个学生都应有自己独特的课表；在时间管理上，给学生一定的自主权，让他自己决定学习、娱乐和休息的节奏；在师生关系上，倡导民主、平等、信任的关系，让学生有话想和教师说，有话愿意和教师说，愿意将自己面临选择时的犹豫和彷徨与教师分享，并得到教师真切的指导。

二是切实遵循"因材施教"的教育原则。在课堂教学中，教师不能简单地要求学生的想法与自己的观点一致，不能简单地给出"是"或"不是"、"正确"或"错误"的判断标准，而应注意聆听学生在回应的过程中那些看似模棱两可的语言中隐含的价值判断，给学生提供多元化理解的机会和途径。教师不要对学生提出一刀切的学习要求，而要鼓励学生按照自己的节奏开展学习，在关键的时刻帮助他们拾级而上。尊重学生做出的选择，让学生一次次地体验自己选择的结果，在这个过程中培养他们的判断力。

三是切实养成"以身示范"的教育美德。要培养学生的判断力，教师自己就必须有判断力。教师在学科领域，要有教学判断力，明了知识背后的文化内涵和精神追求，通过恰当的方式让学生去感悟和体验；在生活领域，要有文化判断力，在学生面对各种文化的选择时，能给予正确的指导，并营造健康向上的文化环境激励学生成长。这对教师提出了更高的要求。教师唯有不断地学习和思辨，并在这个基础上形成判断力，才可以涵养自己的气象，提升自己的格局，从而培养优秀的学生。

入团也成烦心事

一位网友通过微博给我留言，说在学校里遇到了一件事，很不开心。

事情是这样的：有位男生家境比较困难，父母离异，他的学业成绩也不太好。前不久他写了入团申请书，没想到遭到班主任的训斥和嘲笑。这位网友目睹了班主任的所作所为，感到非常困惑：成绩不好就没资格要求入团吗？为什么在老师眼里学生要被分为三六九等？

学生申请入团却遭到班主任训斥和嘲笑，这反映出班主任在教育教学方面存在几个问题。

第一，错误的教育观。

苏霍姆林斯基说过，如果有人问他的生活中什么是最重要的，他可以毫不犹豫地回答说是爱孩子。爱孩子是教育工作者应有的品质，是做好教育工作的前提。

在一个班级里，因为家庭生活背景、个体学习经历以及个性特征等存在差异，不同孩子在待人接物、学业成绩、身心发展等方面的表现是不一样的，正是这些差异使得班级集体生活丰富多样，充满朝气和活力。班主任要把自己的爱心奉献给班集体中的每个孩子，让他们感受到这份真诚的爱，在互相信任的氛围中开展学习。

一个主动申请入团的少年，心中有上进心，有积极融入集体的愿望和情感。理解和尊重学生，呵护学生的上进心，创造机会让学生树立自尊心和自信心，抬起头来走路，是每个教师的基本责任。教师面对的是身心容易受到伤害、精神脆弱的学生，要像爱护自己宝贵的财富那样，爱护学生对你的信任。这位班主任显然没有做到这一点，其言行完全有悖教师的职业要求。

第二，片面的评价观。

世界上没有两片完全相同的树叶，也没有两个完全相同的学生。每个学生都是独特的个体，在成长的过程中都有独特的心路历程，在评价学生的时候，最忌讳的就是用同一把尺子，对不同学生进行丈量，或者对学生的不同方面进行丈量。

在相当长的一段时间里，我们在评价学生时采用的评价工具是非常单一的，即分数。于是导致了无论要评什么，都要看学生的学业成绩。评选"三好学生"，先看学生在班级里的学习成绩是否突出，学习成绩好，其他"两好"就顺理成章；评选优秀学生干部，学习成绩好的干部当选的概率更高……

长期以来这种单一的评价机制，使得教师和学生形成了一种惯性思维，在需要做出评判时，将目光聚焦在学习成绩上。成绩好的，就是好学生；成绩不好的，就成了大家心目中的差生。正是因为这样的评价观，当那个男生找到班主任，提出希望加入共青团的时候，班主任会训斥和嘲笑他。

这位班主任是否想过，学习成绩是学生入团的基本标准吗？入团的相关规定是，年龄在14周岁以上，28周岁以下的中国青年，承认团的章程，愿意参加团的组织并在其中积极工作、执行团的决议和按期交纳团费的，可以申请加入中国共产主义青年团。这字里行间，有对学生学业成绩的要求吗？

第三，对学生权利的漠视。

未成年人的合法权利应依法得到保障。

从上述事例来看，班主任在处理这件事情的过程中，在两个方面漠视并侵犯了学生的权利。其一，学生依法享有入团权利。教师不能因为这个学生的成绩差就拒绝学生的入团申请。其二，教师应尊重学生的人格尊严，不歧视学生，不对学生进行人格侮辱。对学生的训斥和嘲笑，反映出教师对学生人格的漠视，对法律缺乏敬畏。

《中华人民共和国未成年人保护法》第二十八条规定："学校应当保障未成年学生受教育的权利，不得违反国家规定开除、变相开除未成年学生。"第二十七条规定："学校、幼儿园的教职员工应当尊重未成年人人格尊严，不得对未成年人实施体罚、变相体罚或者其他侮辱人格尊严的行为。"

教师在组织教育教学活动、教育和引导学生的过程中，必须对与教育直接相关的法律有正确的认识，在法律的框架下实施教育，真正将依法治教、依法治校落到实处。这既是保护学生合法权益的要求，也是教师自我保护的需要，更是推进依法治国进程的基础。

沉默的学生

不知您是否有这样的感受，小学生在课堂上非常愿意回答问题，每当老师抛出一个问题时，他们都把小手举得高高的，那种争先恐后的热情感染着班级里的每个人。但随着年级的增加，愿意在课堂上举手发言的学生越来越少，即使教师点名，他们也往往保持沉默或者以"不知道"为借口，尽量避免在课堂上发言。

学生不再愿意发言，与他们在课堂上缺乏安全感，经常被消极的情绪左右有直接关系。美国心理学家埃里克森认为，人的心理发展要经过一系列阶段，每个阶段都有特殊的目标、任务和冲突，小学阶段就是其中一个非常重要的发展阶段。在这一阶段，孩子的活动、依赖重心从家庭转移到了社会，这对他们来说具有特别的意义。在家庭里，孩子始终为家长、亲友所呵护，有着独特的地位。进入学校之后，他们发现情况有了很大变化。在这个阶段，他们最需要建立起来的，是勤奋被认可、勤奋能获得成功的信念。学生在课堂上踊跃举手、积极发言等行为，其实就是为了获得这样的心理体验。如果学生能够成功地完成各项任务，顺利地进行各项社交、集体活动，他们就能体会到一种胜任感。这样的体验有助于他们在今后的学习中继续保有勤奋的特质，他们通过不断体验成功的乐趣，激励自己不断适应学校提供的社会环境，并在其中找到自己的位置。如果学生不能顺利完成各项任务或活动，并因此经常遭到教师的批评或奚落，那么挫败感、不胜任感就会如影随形，他们可能就会看不到自己的长处和优点，从而在与同伴的比较中处于不利位置，并因此而产生自卑感。

即使是平时学习成绩很好的学生，在某些阶段、某些环节的学习中也可能出现障碍。而对这些学生期望值很高的老师，若不能理解学生的这些波动或变化，可能就会通过各种方式给他们施加压力，甚至在课堂上用过激的言语对他们进行批评，这些学生往往因此承受很大的心理负担，害怕老师在课堂上提及自己，担心自己表现得不够好而丢面子。那些平时学习成绩不尽如人意的学生，因为学习上的挫败感、老师或者同学对自己有形或无形的评判而带来的自卑感，更是逐渐放弃在课堂上回答问题，努力让自己成为课堂上的隐形人。

在学校里经常获得成功的体验、有胜任感的学生，在学习的过程中更加积极主动，愿意去挑战新事物，愿意发表自己的观点和看法；而那些因为学习而常感到挫败的学生，很容易产生自卑的心理，学习时患得患失，不敢在别人面前表达自己。埃里克森指出，消极的情绪和压力产生的影响，会作用于学生整个的学习过程，即使他们今后走上社会参加工作，也仍然会产生影响。而积极的情绪更有利于学生与课程目标之间的情感联结，有助于学生养成良好的学习品质。小学阶段则是培养学生积极的情绪体验，让他们感到自己能够胜任学习任务的重要时期。

教学不仅仅是传授知识，营造积极的情绪氛围是每位教师课堂教学时更为重要的事情。教师可以在以下三个方面做出努力，在班级里创设积极的情绪氛围。

一是在整个班级里营造积极的氛围。教师要善于观察，及时把握学生的情绪状况。有的学生因为家庭、个人感情或与他人之间的冲突等，会产生较大的情绪变化，直接影响整个班级的学习氛围。教师要明察秋毫，及时引导和化解学生的不良情绪。教师要善于表扬和鼓励学生，尽量避免在大庭广众之下批评或者评价一个学生的优、缺点。在表扬的时候要将关注点放在学生做出的努力、表现出来的具体行为上，尽量避免笼统的、对学生能力的夸赞。教师不仅要有渊博的知识，还要有一定的幽默感，让学生在幽默、有趣的氛围中开展学习和探索。二是积极构建和谐关系，让学生在学习过程中安全无忧。教师要致力于创造一种学习文化，在这个文化环境中，教师与学生、学生与学生、学生和家长，以及教师和家长之间都能够形成一种温馨的、可以畅所欲言的文化氛围。人的大脑是在与环境的互动中、在环境的各种刺激下建立起各种联结的，安全无忧的文化氛围对学生大脑的发育、智力的发展有着重要的作用。三是努力促使学生与所要学习的内容之间建立情感联结。人每时每刻都在接收各种各样的信息，那些能够引起人注意、促使人进一步关注的信息，往往都与人当时的情感有着千丝万缕的关系。把所学内容有意识地与学生建立起积极的情感联结，自然就成为教师课堂教学的基本要求之一。

构建积极的情绪氛围，是每节课都应该落到实处的。这件事情做得如何，只要看学生的课堂表现就能一目了然。

回应的意义

相信很多教师都有这样的感受：在课堂上，越是低年级的学生，举手回答问题越是踊跃。到了高年级，举手回答问题的学生会逐渐减少，甚至点名让学生回答问题，学生也很不情愿。有人将其归结为高年级的学生比较关注周边同学对自己的评价，担心回答错误遭到他人讥笑，或者回答正确导致同学嫉妒。这或许有些道理，但还有一些因素需要引起我们的关注，比如回应。

我小的时候喜欢玩水，看到比较开阔的水域，最喜欢"打水漂"。将一些薄薄的瓦片、石子平抛入水中，看它能在水面上起伏多少次。小薄片在水面上跳动的形态就是给我的一种回应，我会根据它每次起伏的次数、在水面上形成的路径特征，来打磨它，调整抛射的角度和力道，以达到自己满意的效果。

弗洛伊德曾讲过这样一个故事。一个三岁男孩在一间黑屋子里大叫："阿姨，和我说话！我害怕，这里太黑了。"阿姨回应说："那样做有什么用？你又看不到我。"男孩回答："没关系，有人说话就带来了光。"没有回应，就是黑暗；有回应，就有了光。

人活在这个世界上，每时每刻都在与这个世界、与他人进行互动。在互动的过程中，外界的回应非常重要。因为人类就是靠外界给予的回应慢慢学会表达自己的情感的，同时随着外界回应的不断增多，表达形式也会越来越丰富。

回应是沟通的基础。理解对方所说的内容固然重要，但你首先必须做到的是，发出你已经收到了讯息的信号给对方。一位妈妈带孩子出去玩，孩子在一个沙坑里流连忘返，妈妈在一边看书等着他。孩子突然跑过来叫："妈妈，妈妈。"这位妈妈回了一句："宝贝，是不是很开心啊？"孩子嗯了一声又返身回去玩了。这位妈妈回应了孩子的感受，孩子的感受在那一刻被确认了。

有一位网名叫"叶呆呆"的女士和她的男友是异地恋。国庆长假，她想去见男友，就在QQ上告诉了他，他回答了一个字"哦"。这让"叶呆呆"大怒，提出要和男友分手。为什么男友及时回答了，"叶呆呆"依然感到很受伤呢？这是因为"哦"不是一个真正的回应，"叶呆呆"无法通过这个字判断自己的感情是否被男友接受了。

有研究人员发现，若婴儿向妈妈发出信号，妈妈能在七秒内给出准确回应，婴儿就没有受挫感；反之，则有受挫感。如果一个婴儿长时间被放在育婴床上，不能及时得到妈妈的回应，他在感情表达方面就容易变得迟钝。相信每个成人都有这样的感受：一件事情说出去之后立刻得到对方回应，一般就不会有焦虑感，并会根据这些回应及时做出反应，思考下一步的行动；若次次都得不到回应，往往就会产生焦虑感，甚至放弃沟通。换句话说，唯有对方做出回应，人们才有勇气再发出信号。

对一个人的回应如果不及时、不准确，就可能会导致对方的情感受挫，勇气锐减。对多个人同时发出的信号进行回应，难度就更大了。教师教学时，面临的不正是这样的情景吗？教师在课堂上，经常要面对多个同时向他索取关爱眼神的孩子。比如，教师提出一个问题，然后说"知道的人请举手"，结果，孩子们都把手举得高高的，但被教师点到回答问题的，往往只有一个人，其他孩子无不垂头丧气。孩子们这种失落的表现，在一节课上往往会出现好几次。如果孩子们一次次发出信号，一次次得不到回应，时间长了他们还会有勇气和信心继续举手吗？

班级授课制这样的教学组织形式，在很长的一段时间里还会存在于我们的课堂上。一个老师在面对诸多学生的情况下，能否做到及时而准确地回应呢？办法还是有的。比如，在学生积极举手回答问题的时候，看着学生的眼睛，把"你懂，对吗？老师知道你懂"这样的信息传递给学生；比如，让学生将自己的观点用绘画、文字等多种方式表达出来，然后及时统计汇总，让每个学生都能得到恰当的回应；比如，发挥师生联系簿的作用，让学生每天像写随笔那样将自己的所思所想记录其中，教师认真阅读这些话语，并通过书面文字或者约谈等方式予以回应……

回应学生发出的信号，需要教师拥有相应的身心感知能力，能够敏锐地感知到学生发送过来的信息，判断和分析信息的内在含义，及时给予赞同或者反对的回应。教师越是不给出回应，学生就越可能没有行动力。

第三课

善用学习理论

关注孩子的前概念

在学习某一知识之前，孩子对该知识并非一无所知。孩子是一张白纸的说法，在教学过程中是不成立的。人们将正式学习某一知识之前对这一知识的理解和认识，称为"前概念"。这些前概念，有的是和科学概念相吻合的，有的则是和科学概念背道而驰的。教学的起点，就是要了解孩子具有怎样的前概念，认识前概念的一些特征，在此基础上合理地选择教学内容，恰当地运用教学策略，促使孩子的前概念向科学概念转化。

◌ 前概念的四个特征

有人专门研究了初学电流的孩子，是如何理解电流这一概念的，他们的回答常常出乎教师的意料。有的孩子从生活中的水池、水管子、水龙头等设备出发，认为电池负极和电灯相连的那根导线是没有用处的；有的孩子联想到生活中那些从不同方向喷出的水柱将一个物体托在中间的情景，借用"平衡"的概念，认为电池的正极、负极各输出一股电流，在两股电流的共同作用下，灯泡发光了；有的孩子从汽车运载货物的情形出发，认为电线相当于载体，它们把电从正极载到灯泡，卸下来之后回到负极的过程中是空的；有的孩子根据自己对父母上下班精神状态的观察，认为电流从正极精力充沛地跑向灯泡，然后再精疲力尽地回到电源的负极，去恢复它们的能量……

这一事实告诉我们，先入为主的前概念来自孩子对日常生活的观察，是很普遍地存在的。儿童的前概念有以下几个特征：一是知觉主导思考。孩子往往将自己对事件或现象的推理和理解建立在可观察到的一些特点上。比如，只有当光强烈到足以产生可感觉到的效应时，如在物体表面产生一块光斑，孩子才认为光是存在的，而不认为光是一种存在于空间的实体。二是片面理解相关知识。孩子常把某种现象产生的原因与某种或某几种事实对应起来，缺乏系统性、整体性的思考。三是线性因果分析。孩子解释事物发生的变化时，他们的分析往往遵循一种线性因果次序。四是不加区分地使用相关的概念。在某些情况下，孩子很容易从一种意思滑向另一种意思，甚至连他们自己也不一定能意识到。

◯ 前概念带来的三点启示

每个孩子在学习新知识之前都有关于该知识的前概念，由此可以得出教学上的几点启示。

第一，孩子的头脑不是空的容器。

这原本不该是一个问题，但是现实的课堂中"满堂灌"的教学方式依然非常普遍。在教学过程中，一些教师总是担心孩子理解不了某些知识，在课堂上反复地讲授，从不同的角度、选择不同的案例或者试题企图帮助孩子理解这一知识。但常常花费的力气不小，所起的作用并不是很大。

要让孩子掌握正确的概念，首先要发现孩子原来就有错误的、先入为主的前概念，而最重要的发现途径就是"说"。教师要不断地给孩子创设自由表达的时空，让他们把自己的前概念说出来。新课程非常强调教学情境的创设，其作用之一就是借助这样的情境，唤醒孩子沉睡在记忆之中的前概念。教师反复的讲解不重要，认真聆听孩子的观点才是重要的。

第二，冲突和讨论是有效的教学方法。

无论是成年人还是孩子，获取新知一个非常重要的途径是这样的：惊奇→心理冲突→内部的阻力和抗衡→重新建构自己的观念。"惊奇"来自自己的前概念与外界传递过来的信息之间的巨大反差，由此造成人的心理冲突，导致不改变原有知识结构就不能正确理解新知的内部斗争，从而真正获得对知识的重新建构和理解。

如果孩子错误的前概念是由相对独立的观点或信念构成的，或者尚未嵌入更大的概念模型中，是很容易被纠正的。如果错误的前概念已经"根深蒂固"，教师可以借助一种被称为"搭桥"的教学过程，帮助孩子去除错误概念。比如孩子很难相信，桌子会对放在上面的书本施加力。教师可以先从被压缩的弹簧能施加力讲起，再类比到泡沫材料，然后类比到软木，最后类比到坚硬的桌面，让孩子相信受压的桌面也可以施加力。

第三，改变孩子的观点需要时间。

通常情况下，孩子的前概念总是根深蒂固的，是孩子在日常生活观察中日积月累形成的，只用几分钟的时间就想让他改变观点是不现实的。孩子需要时间来理解自己的观点，需要时间来考虑替代性的观点，并且协调两者之间的冲突。让孩子理解自己的学习是让他接受科学概念的第一步。

这提醒我们要重新审视现有的教学理念，要设立一个长期的目标来帮助孩子学习知识。在一节课的时间内，孩子不大可能立即接受新概念或陡然改变他们已有的前概念。学习需要时间，随着时间的推移，他们会在越来越多的场合积极地应用已被科学界公认的科学概念。

关注知识组块

专家和新手，在知识的组织方式上存在显著差异。如果把学生看作新手，教师就是专家，教师会在脑海中无意识地创造并储存起一个复杂的知识网络。这个网络把重要的事实、概念和程序与本学科中的其他要素联系起来，而学生就没有这样的本领。

◯ 知识组织的结构

安布罗斯等人在《聪明教学 7 原理：基于学习科学的教学策略》一书中，给出了这样一组图。

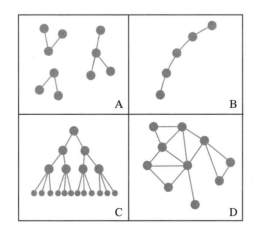

知识组织示例

图 A 和图 B 是新手知识组织的典型形式。他们可能拥有大量的知识，但这些知识之间的联系很少，若有联系，也是小范围的联系。知识相互之间要么是分散的（如图 A），要么是线状连接（如图 B），看上去似乎都联系了起来，但只要其中某个位置的联系被破坏，就会导致整体联系困难。

　　图 C 和图 D 的知识组织形式，往往是专家具有的，当然两者之间也是有差别的。图 C 体现出鲜明的层级性，并不是所有的知识都天然具备这样的层级特征；图 D 展现了一种联系更为紧密的知识结构，在这个结构中，知识之间交叉关联，就像现在的互联网似的，这为知识的提取提供了很大的便利。

　　知识的组织形式与人们的生活和学习经历有密切的关系。新手掌握的概念、事实和技能的数量或它们相互之间的联系密度都远小于专家，因此知识组织的方式通常也比较简单，知识之间缺乏内在的联系。

　　这种相对缺乏联系的知识组织，会阻碍学生的学习。比如在记忆一组信息时，学生通常是一个个信息强行记忆，在短时间里或许记得住，但时间一长就又忘记了。教师就不一样了，教师具有信息组块的策略，会将需要记忆的一组信息转化为一个自己熟悉的知识组块。如果信息量比较大，就组成若干个知识组块，然后把三四个知识组块组合成更大规模的组块，并按照层级结构把大规模组块整合到更高水平的群组中。

◯ 知识组块的作用

在学习活动中，知识组块在以下几个方面发挥重要的作用。

第一，让记忆更有成效。

先看这个案例：

下面有一串数字，采用"死记硬背"的方式，容易记住吗？

1 1 8 4 0 2 1 9 4 9 3 1 9 6 6 4 1 9 9 7

将这串数字记住是相当困难的，因为这20个数字，相当于20个信息点。人的短时记忆的信息通道容量是 5±2，记住五六个数字是容易的，如果数字超出了通道容量，要想记住，就非常困难了。

如果要记忆这些数字，不妨按历史事件做以下设计：1840年第一次鸦片战争爆发……还是20位数字，通过知识组块的方式，结合我们熟知的历史事件，将其从20个信息点变为几个知识组块，符合短时记忆的认知规律，记忆起来就容易很多。

教师上课，如果信息量比较大，就应该采取信息组块的方式，帮助学生更好地记忆。

第二，让知识提取更加便捷。

到一个大型仓库中去提货物，仓库保管员需要做的事情是：第一步，明确货物的名称；第二步，确定货物所在的区域；第三步，到这个区域搜寻货物并将其找出来；第四步，将它搬运到出货口；第五步，验货之后交给提货人。

在教学中培养学生知识组块的能力，与此是非常相似的。教师在传授学生知识的同时，要教学生对知识进行编码、分类，按照一定的规则来储存，明白知识提取的路径和程序，在储存这些知识的时候，还要想着怎么可以把它们找回来。这需要教师对自身的知识组块方式有较为清晰的认识，同时对学生一些独特的处置方式表示理解和支持。

第三，让问题处置更加高效。

还是先看一个案例：

一位幼儿园老师在雨过天晴之后带孩子们外出。一个广场上，有一大片浅浅的水坑，可以踩水玩。老师发现水坑中有一枚硬币，就对孩子们说："水坑中有一枚硬币，看谁先找到！"孩子们都奔了过来，来来回回找了好久都没有找到。后来，一个孩子采用地毯式搜索的方式，才发现了这枚硬币。

为什么一枚显而易见的硬币，孩子们却找了很久才找到呢？这是因为孩子识别水中硬币的方式和成年人有很大的不同。成年人可以通过水中硬币反射出来的光等多种信息，来推断水中存在硬币，因为他有经验，脑海中形成了一种处理此类问题的知识组块（或说图式）。这种图式可以帮助他进行推理，跳开烦琐的实践。而孩子没有形成这种图式，他要眼见为实，找起来就很困难。

　　教师在教学中要有意识地为学生提供组织新知识的结构，帮助学生构建知识之间有意义的关联，以此来促进学生学习。

熟练掌握知识

　　高效的思想者、创新型人才之所以能取得令人瞩目的成就，有个很重要的原因，是他们对研究领域的相关背景知识有透彻的理解，达到了熟练的水平。从心理学的角度来说，就是他们对相关领域的核心知识实现了长时记忆，在脑海中形成了深刻的印记，这对促进他们的研究起到了基础性的支撑作用。学生的学习也是如此。要想在某一学科的学习中获得优异成绩，对该学科有深刻的理解，就必须熟练掌握这门学科的基本概念、基础技能和思想方法。

　　那么，怎样才能熟练掌握学科基础知识呢？

　　脑科学向我们详细描述了学习和记忆的生物学基础。在大脑中，神经元是信息传递的载体，每个神经元都和几千个其他神经元相连接。外界传递而来的信息被神经元接收之后，将信息以动作电位的形式传递给其他神经元，通过这个过程，信号沿着复杂的、贯穿大脑的神经元通路，从一个神经元传至下一个神经元，从而产生我们所有的想法和行动。如果成群的神经元同时活跃地产生信号，神经元之间的连接就会得到加强，从而构成记忆痕迹或者创建印记。

　　大脑神经元的工作机理告诉我们，以下几种策略，对熟练掌握知识是大有裨益的。

　　一是复习巩固。即围绕学科的核心知识进行反复的、刻意的训练。通过反复训练来增强记忆，是大家常采取的策略。为什么这样的策略是有效的呢？从神经元传递信息的角度看，如果神经元经常通过大致相同的回路传送信息，神经元之间的连接被使用的次数就多。次数越多，这些连接就会越牢固，记忆存储的时间就越长，也就越容易被提取。刻意的反复练习还有一个重要的作用，就是能在大脑中创造出更多精细的记忆轨迹，而精细化本身就是一种能使信息更加难以忘记的有效方法。刻意训练可以帮助我们实现长时记忆，髓磷脂在其中也发挥了重要作用。髓磷脂是生长在神经元周围的一层脂肪组织，起到绝缘保护的作用，可保持神经元的干净和正常运转。神经元周围的髓磷脂越多，相应的大脑回路就越能轻松、有效地运转，人在与此对应的领域的技能就会越强。刻意训练就是反复利用相同的大脑回路，这样的举动能够促进髓磷脂对神经元周围的包裹，从而有效地固化这种技能。

二是艺术整合。那些不具备艺术特质、没有艺术专长也没有接受过各种形式艺术训练的教师不必担心，艺术整合不是艺术教育工作者才能完成的事情，所有教师通过提升自己的艺术思维和工作习惯，都可以做好这件事。学生在学习学科的核心知识时，如果明了这些知识在现实生活和真实世界中的意义或者具体应用，就能更好地理解和掌握这些知识。而艺术就有这样的特点，它可以帮助学生以多种方式详细阐明学习的知识并将其与自己的生活联系起来。最常见的艺术整合方式包括：第一，角色扮演或者即兴表演。在人文类学科中这种方式经常被老师使用，一些理科老师也在积极尝试。通过主动表演来学习之所以能够帮助记忆，并对学习产生积极影响，是因为学生学习不仅是看和听，在表演的过程中，各种肢体和感官共同协作，能够把目标和内容强化到长时记忆中。而且表演的过程非常有趣，容易引起学生的兴趣，学生对自己感兴趣的学习活动自然记忆深刻。第二，带着情感发声。比如，歌唱、朗诵、角色扮演中的语言表达等，这些形式为学生提供了创造性地、精细地说出所要表达的关键内容。默读通过大脑的感觉语言区处理信息，而发声则涉及运动语言区的工作。大脑的不同区域同时加工学习信息，这有利于学习信息的增强和知识的记忆。第三，观察或创作图画。通过观察一幅画或者创作一幅画来学习，其效果要比单独呈现语言好。其原因是，图画是通过视觉和语言的心理过程编码的，而文字或词汇的编码则只需要语言加工。我们常有这样的体会，看到一个人，觉得面熟，就是想不起来他的名字，原因就在于此。

三是知识组块。即在信息量较大的情况下，将相关信息以一种有组织的方式分组，它们会比无结构的信息更容易被记忆和提取。

四是寻求意义。如果有人说"我很饿，因为杆子坏了"，你可能会感到疑惑，要明白这句话的意思不太容易。而若事先告知这是一个渔夫，你就很容易理解了。人在耗费精力努力理解所学的信息时，会带来对信息更多的加工和更加深刻的记忆。因此，让学生在学习中主动寻求意义是固化记忆的重要策略，孔子的"不愤不启，不悱不发"，说的也是这个意思。

关注内在学习动机

在教学实践中，动机在引导学生学习方面起着至关重要的作用。动机可分为内在动机和外在动机两种。

内在动机取决于个体内在的驱动力，外在动机则是个体追逐外部奖励时才会出现的动机。人会为了获得某种奖励而做事情。比如，每天的工作，对有些人来说并不是自己喜欢的事情，只是因为它可以给自己带来薪酬，所以会年复一年坚持做下去。一些学生到学校里来，并不是因为他喜欢学习，而是因为经过这个阶段的学习历程，可以获得学历证明和成绩证明，这也是一种外部奖励。

◌ 外部奖励是对内在动机的破坏

人们需要外在动机，这本身是没有问题的。但当外在动机成为激发人们学习或工作的唯一因素时，它的问题便会出现。这在今天的社会里，已经表现得非常明显。现在很多事情，如果没有外部奖励，人们就不愿意去做。比如，有的教师斤斤计较于自己所做的事情与奖励之间的关系，如果没有绩效奖励，就不愿意去做事。

从某种角度看，外部奖励是对内在动机的一种破坏。孩子从出生的第一天起就开始学习，对他们来说，学习是一件很有趣的事情，也是一个让自己不断成长的过程。孩子通过学习，学会了走路，学会了说话，学会了做各种各样的事情，他们在这个过程中从来不需要什么奖励，内心始终充满喜悦。进了学校之后，情况就发生了变化。学校担心本校的学生考不过外校的学生，教师担心本班的学生考不过其他班的学生，家长担心自己的孩子考不过别人家的孩子，在这样的担忧和恐惧之中，人们原本平和的心态失衡了，开始通过各种诱惑（外部奖励）来刺激孩子，希望孩子能够比别人多学一些，能够出人头地。这样的外部奖励多了，孩子慢慢地就不再从自己是否感兴趣、是否有收获的角度来看待学习活动，而是看自己是否得到了应有的分数，获得了相应的证书。这让学习活动完全变了味。正是这样的举动在无形中挫伤了孩子们固有的内驱力，使他们失去了因为学习本身很有趣而去实践它的动力。

◯ 内在学习动机的产生需要三个要素

内在动机是驱动人们持续开展学习活动的内动力。面对一项学习任务，学生是否产生内在学习动机，与三个要素直接相关，分别是目标的主观价值、对效能的预期、学习环境。

学生在决定是否去做一件事情时，通常会从以下三个方面来判断这件事情的主观价值：是否能够从完成任务或实现目标中获得满足感；是不是自己特别感兴趣的事情，是否愿意为此事废寝忘食、刻苦钻研；是否通过这项活动来帮助自己实现某一目标。如果这三个方面的回答都是肯定的，学生做此事的动机就会非常强。我的孩子上初中期间，有一阵子非常流行四驱车，他自己购买了两部车的零部件在家里组装，搞到后半夜都不愿意休息，就是因为这件事情对他来说有很大的主观价值。

学生对做成某件事情的把握或者说对成功的预期，也直接影响他的学习动机。如果一个学生在某项活动中获得过成功，那么他就更可能期望在未来的相似活动中再次获得成功。如果学生成功地达成一个目标，并将其归功于内部因素或可控因素，那么他更有可能获得未来的成功。如果学生面对的是一个全新的任务，即使这个任务并不难，学生也可能会感到没把握，而失去学习的动机。这提醒教师在教学过程中，要多给学生建立新旧知识之间的联系，让学生品味"用老方法解决新问题"的喜悦，提升学生对学习效能的预期。

学习环境对学生学习动机的影响也是很大的。在课堂上，教师总希望学生出于自己的兴趣、需要而学习，而学生则常常不按照教师的意愿去做，而是根据表现性目标（即保护理想的自我形象，获得好名声或公众形象等）来决定是否参与学习。高年级的学生之所以不太愿意举手发言，就是因为在把握不大的情况下，在公众场合发表言论可能会给自己带来负面影响，有损自己的形象。这就是学生之间的评价、班级的文化氛围等环境因素给学生学习带来的影响。如果学生感觉环境是支持性的，他们的学习动机可能就会增强；反之，学习动机可能就被削弱。

目标的主观价值、对效能的预期、学习环境三者相互影响，共同调节学生内在学习动机的水平，也使学生的行为千差万别。忽略了其中任何一个要素，学习动机都有可能会被大大削弱。

走向精熟的路径

学习开车这件事虽然已经过去了很多年，但我依然记忆犹新。

教练是位经验丰富的老司机，我们这些学车的自然都是"菜鸟"。看着教练悠闲自在地驾驶车辆在道路上奔驰，我心里非常羡慕。教练开车的技术出神入化，几乎到了完全自动的境地，开车过程中绝大多数的动作都是下意识的，不需要特别去关注，他可以一边将车开得又快又稳，一边给我们这些学员讲解操作的要领，什么都不耽误。而我们坐在驾驶座上的时候，立刻手心出汗，手忙脚乱，既想去看方向盘以及各种仪表，又想去看油门、刹车或离合器，而最该去做的事情——远眺前方道路的情况、通过后视镜了解周边车辆的情况等，则常常来不及做。

与我们这些学员相比，教练就是专家，他最大的优势就是驾驶技术知识组织方式的丰富性。他有针对各种路况的驾驶策略以及相应的知识组块，在需要的时候可以很自然地运用这些结构化的知识，轻松地应对各种复杂的路况。不过，教练的这些优势却成为学员学习的障碍。

之所以这样说，有以下几个方面的原因。其一，教练把知识组块之后，就难于把技能分解给学员看；其二，教练在讲解时常常会在无意中省略一些操作的步骤，或者采取简便的方式指导学员，而学员因为没有相应的实践经验，经常跟不上教练的思路；其三，教练完成复杂任务的效率非常高，因此常会低估学员学习或完成同样任务所需的时间；其四，教练能够熟练地在不同的环境中进行相关驾驶技能的迁移，因而往往会高估学员在这方面的能力。

教练教学员练车，与教师教学生学习，道理是非常类似的。教师给学生传授某些知识，或者教给他们一些解决问题的方法，若学生理解不了，或在作业、考试中犯了一些错误，教师就会"大发雷霆"。出现这样的行为，说明教师不能清晰地认识到自己和学生在知识掌握程度上的差异——教师已处于精熟水平，学生还在新手阶段；或者教师没有掌握让学生从入门走向精熟的路径，不会借由这样的路径帮助学生拾级而上，向着精熟的方向前行。

要达到精熟水平，就得经过以下基本路径。

第一步，掌握每一个知识点。

萨尔曼·可汗创办的可汗学院之所以家喻户晓，能吸引全世界学生前来学习，是因为他坚守一条非常重要的教育信念——学生在进入更高难度的学习阶段之前，应充分理解之前所学习的概念。可汗将其称为"精熟教学法"。在我们的学校里，如果学生经过一段时间的学习，能够考出 60 分及以上分数，就被认为是合格的。而可汗不这么看，他认为即使某学生考出了 95 分全班第一的成绩，与那 5 分相关联的知识和技能，也必将成为该学生今后学习的障碍。他曾经做过一项实验，对五年级数学学习有困难的一批学生进行辅导，一些学生从一年级的知识内容开始补习，另一些孩子从四年级开始实习，结果从一年级开始的学生，越到后面进步越快，因为他们将自己过去没有学习好的知识漏洞都给补齐了。从脑科学的角度看，要让知识达到精熟水平，先要实现长时记忆，而大脑最善于记忆的就是那些被理解透彻、充分的信息。

第二步，整合相关信息。

大脑处理的所有信息都不是孤立的，相互之间具有逻辑关系。将所学的知识和技能整合在一起使用，并努力达到自动化的程度，是走向精熟的关键。在学生熟练掌握了一定量的知识和技能之后，教师就应该引导学生从结构化的角度去审视信息，把所学的各种知识和技能通过知识组块的方式建立密切地联系，以帮助学生从不同的角度思考，促进学生深入且透彻地理解知识和技能。学习过程中带动的神经元越多，学生的记忆也就越生动，所建构的知识组块也就更加多元。

第三步，灵活运用所学知识。

学习某些知识和技能，其最佳的效果是在面对新的情境和问题时，学生能够自动地实现知识和技能的迁移，"用老方法解决新问题"。而要做到这一点是很困难的。一方面，面对新的复杂的任务，学生需要同时关注并加工大量的信息，而人在同一时间内能够注意和加工的信息是有限的；另一方面，迁移很难自动地发生，越是强调熟练掌握某个知识和技能，学生越容易和当初习得这些知识的情境联系得过于紧密，不利于迁移；同时，如果不充分理解所学知识和技能背后的原理和深层次结构，也很难实现迁移。这就提醒教师，要给学生提供化繁为简的策略，要提供机会让他们在多种不同的情境中应用所学的知识；要给学生提供不同的问题、案例等场景，以促进学生学习的迁移。

从新手到精熟，大体要经历四个阶段——无意识无能力、有意识无能力、有意识有能力和无意识有能力。学开车如此，学文化课也是如此。

反馈的重要性

反馈是现代科技的一个基本概念，是自动调节系统的一个组成部分。空调、遥控电视、GPS 导航等，都是运用反馈来实施调控的典型案例。

◯ 反馈在学习中的作用

反馈也是影响学习最重要的因素之一。心理学家赫洛克做过一个著名的心理学实验。他把被试者分成四组，让他们在四种不同的情况下完成任务。第一组为激励组，每次工作后都被鼓励和表扬；第二组为受训组，每次工作后都被严加批评和训斥；第三组为被忽视组，每次工作后都没有人收到任何评价，只静静地听另两组受表扬和挨批评；第四组为控制组，把他们与前三组隔离开来，且他们每次工作后也收不到任何评价。结果表明，成绩最差的是控制组，激励组和受训组的成绩明显优于被忽视组，而激励组的成绩不断上升，学习积极性高于受训组，受训组的成绩有一定波动。

这个实验充分说明了反馈在学习中的重要作用。反馈对学习的作用，体现在动机和认知两个方面。在动机方面，如果学习者对自己的学习过程和学习结果有比较充分的了解，知道自己哪些方面做得好、哪些方面还存在问题，就会引起他的满意或者不满意的情绪体验，并进一步影响他的学习动机。在认知方面，学习者可以从对学习结果的了解中，获得有关正确或者错误的信息，这成为指导他今后学习的定向依据。

教师布置给学生的作业，如果每次都能认真批改，指出学生的错误所在，并对学生的闪光点予以鼓励和点评，学生学习的积极性就高，进步也比较快；如果学生不仅知道学习结果正确与否，还能进一步理解为什么这是"对"的，那是"错"的，其学习的效果就会更好。这些都是学习反馈的价值所在。

在教学过程中，学生的学习反馈经常由教师给出。教师出于改进教学和指导学生学习的目的，注重收集并运用有关学生表现的信息，并将所收集的信息传递给学生。有的教师总是抱怨没有时间对学生的学习状况进行反馈。他们其实不明白，没有时间给予反馈就是没有时间引发学习。当然，教师给出的反馈信息学生不一定能够全部接受，对学生来说，真正起作用的是学生收到的反馈信息。

○ 实现有效反馈的注意事项

要让学生得到有效的反馈，教师需要注意以下几点。

第一，反馈要关注目标的一致性。

教师上每节课都有教学目标，同时也有学生的学习目标以及评价学习是否达到预期效果的评价目标。教学反馈关注的是当前的学习状态与目标状态之间的差距，教师从比较中看到学生的优势或问题所在，并及时给予学生反馈。在目标具体且具有挑战性，而学习任务复杂程度不是很高的情况下，反馈最有效。

上完一节课，给学生布置作业，通过学生完成作业的情况来对他的学习进行反馈和评价，是教师最为常见的教学行为。但现在很多教师不是依据自己的教学进度和目标要求编制作业，而是购买各种教学辅导用书，让学生课后做书上的练习题。这很容易导致教学目标、学习目标和评价目标不一致，学生也得不到恰如其分的反馈，这对学生的学习是不利的。

第二，一般情况下，反馈越及时，效果越好。

很多人喜欢玩游戏，有了便携式智能设备以后，更是可以随时随地玩上一会儿。为什么大家对游戏如此上瘾？原因之一就是它的即时而且持续的反馈，让游戏者能够获得心理上的极大满足。

美国心理学家罗西和亨利做过一个实验，他们把一个班的学生分为三组，每天学习后都接受测验。第一组每天都有学习结果的反馈；第二组每周有一次学习结果的反馈；第三组没有学习结果的反馈。8周后改变做法，第二组仍每周有一次反馈，第一组与第三组互换做法，又进行了8周实验。结果前8周第一组的测验分数很高，第三组很低，第二组居中。后8周，第一组的测验分数与第三组刚好相反。这个实验告诉我们，反馈必须及时，关于事实性知识的反馈尤其需要及时。间隔太长的时间再给予反馈，往往会使反馈失去应有的作用。

第三，和分数相比，描述性的反馈更能激励学生。

分数、等级，是最常用的反馈形式，但这样的反馈往往不能向学生提供问题所在和关于下一步行动的清晰信息。对学生做描述性反馈时，越是善于运用学生熟悉的词语来促进学生理解，反馈的效果就越好。

比如"第二组同学已为上课做好了准备，他们的桌面整理得很干净，他们都坐下了，而且很安静"，就比"有些小组已经准备好了"更为具体；"你的解释说明你已经掌握了主要观点，我要提醒你一点，想想第三句话，看看能否用更好的表述来支持你的论点"，就比"你回答得不错"要具体得多，学生获得的有效信息也更清晰。

第四，如果学生能够在安全无忧的环境里开展学习和获得反馈，他就会将注意力集中于反馈本身，就会使得反馈更加有效。

你了解学龄前儿童的认知特征吗

　　儿童学习欲望、学习能力最强的一个阶段，应该是学龄前。有些复杂的事物，他们能够分辨得清清楚楚；难以把握的语言，他们也能够娴熟地加以运用，除了不会书写之外，语言中那非常细腻的情感，他们能拿捏得非常到位，在表达方面一点儿也不比成人逊色。

　　学龄前儿童的学习，有两个非常鲜明的特征。

　　一是采取整体感知的方式加以学习。如果一个物品进入了孩子的视野，引发了他的好奇心，他就会采取多种方式来了解这一物品的属性，去触摸，感受它的温度和柔软程度；去观察，了解它的色泽并进行比较；去咬，感受它的味道和硬度；把它拿在手里，体会它的重量和质感；将它推出去或者扔到某个地方，观察它和其他物体相互作用时的表现……孩子不厌其烦地运用多种感官一次次进行探索和尝试，直到全面了解该物品各方面的属性。孩子学习语言更是如此，他非常注意聆听自己所处的环境里的各种声音，并加以辨认，跟他有长时间接触的父母以及其他亲人的声音自然是他最先熟悉的。在聆听的过程中，他一直不断努力地尝试说话，从牙牙学语开始，到能够比较清晰地说出"爸""妈"，再到能够讲出最简单的句子。他在说话的时候，也在聆听周边人对他发出声音的反馈。成人的赞扬、鼓励等会给孩子极大的鼓舞，让他明白在类似的情境中说出这样的话是得体的。慢慢地，他的经验越来越多，表达的语言也越来越丰富。

二是凭借图像展开想象，尝试认识世界。学龄前的儿童，常常把周围世界中发生的各种事情，变成一幅幅图像记录下来，由此逐渐形成自己对这个世界的认识。他看到的各种事物，他感受到的一切，都会被他如实地记录下来。如果孩子在成长过程中有一个容易愤怒的父亲，那么孩子的血液中就可能流淌着易怒的细胞；他生长的环境是怎样的，他可能就会认为这个世界是怎样的。绘本在学龄前儿童的学习中起着非常重要的作用，其中很重要的原因，是绘本可以给孩子提供图画讲述的故事，可以给家长提供文字讲述的故事，当家长和孩子开展亲子共读时，又可以引申出文字和图画结合产生的新故事，于是，孩子的想象力就会逐渐培养起来。

了解儿童的上述两个认知特征，对我们教育、引导孩子学习是非常有意义的。

儿童进入学校学习，对他们来说将面临极大的挑战，这种挑战来自儿时特有的认知特征与学校倡导的学习方式之间的巨大差异。

如前所述，学龄前的儿童主要采用整体感知的方式来认识世界，而一走进学校，孩子的思维方式就要发生很大的变化，要从综合的、整体感知的认知方式转变为分析的、分科学习的方式。还是拿学习语言为例，孩子们学习汉语，采取的是整体感知的方式，在此基础上再去学习基本的笔画和标点符号，了解汉字的结构。而英语的学习正好相反，一般主要采用分析的方法，先从单个的字母开始，再到基本的句式、语法等。除却英语学习缺乏应用场景等因素，先入为主的汉语学习方式，也会给后续的英语学习带来不少困难。

进入学校的孩子，面临的一个挑战，就是突然从以图像为主的直观学习转向以文字和符号为主的抽象学习。对学龄前儿童来说，那些抽象的文字和符号几乎是没有什么意义的。每个孩子都拥有一种品质，即一种艺术感，一种创造性地理解和想象图像的能力，教师应该做的工作，不是直接把文字和符号教给孩子，而是要给他们创造一个借助图像想象的时空，让他们逐渐从图像向抽象的符号过渡。

我们都知道，古人是通过画画的方式来记特定事物的。过去的象形文字，实际上就是一种图画，是通过逐渐演变，才演化为我们今天的文字这种抽象的符号。汉字演变的历史与孩子学习的历史是非常相似的，要让孩子学习汉字，也要从图画开始。就拿"口"这个字来说吧，可以让孩子对着镜子看自己的笑脸，然后将嘴巴的模样画出来，再让孩子了解"口"字从甲骨文到楷体的演变，孩子就能很好地理解"口"这个字了。

让学习更有效

有很多关于学习的经典语录，比如"天才在于积累，聪明在于勤奋""勤能补拙是良训，一分辛苦一分才"等，都强调了学习要坚持不懈，要下苦功夫。畅销书作家格拉德威尔也在他的著作《异类：不一样的成功启示录》中指出，人们眼中的天才之所以卓越非凡，并非因为天资超人一等，而是因为付出了持续不断的努力。一万小时的锤炼是任何人从平凡者变成世界级大师的必要条件。他称之为"一万小时定律"。在很多成功者的身上，这个定律得到了验证，所以该定律被提出来之后，各方反响热烈，很多家长和学校也将此作为培养孩子的依据之一，给孩子布置更多的学习任务，让他们勤学苦练，也就成了情理之中的事情。似乎只有这样，孩子才有可能取得好的学习成绩。

事实真的是这样的吗？格拉德威尔在提炼这一定律的时候，关注的对象大多是成功者，而那些在某方面花费了远超一万小时时间却没有取得成功的人，要比成功者多很多，这些人并没有被格拉德威尔关注到。仅从练习时间这个维度来说明努力和成功之间的关系，有点儿过于简单，或许远远没有揭示问题的实质。

美国作家卡尔·纽波特认为，一个人要想让自己成为某个领域的顶级高手，关键不在于努力训练的时间，而在于采取的学习方法，他称之为"深度学习"。就学生的学习来说，要想成为"学霸"，仅靠拼命读书、刷题，期望用时间换取成绩是不大靠谱的，掌握深度学习的方法更为关键。这一学习方法至少包括以下四个要点。

一是让学习在最近发展区内发生。心理学家维果茨基认为，学生的学习存在两种发展水平。一种是现有水平，是学生能够熟练解决相关问题的发展水平。如果学习任务在这个区域内，学生不需要学习，利用已有知识就可以顺利解决。另一种是潜在的发展水平，是通过教师教，学生有可能获得的潜力。如果学习任务超出了这个水平，学生就会感到恐慌，即使在教师的引导下，暂时也很难处理好。两种水平之间的区域叫"最近发展区"，学生的学习任务只有落在这个区域内，才具有高度的针对性，才有可能让学生拾级而上。

二是教给孩子解决问题的基本思路。对那些比较复杂的问题，需要将基本思路分成若干步骤，让学生逐项反复训练，直到烂熟于胸。比如，有经验的足球教练会将防守分解为几个步骤：第一，当你防守的人接近持球者时，渐渐地靠近他；第二，在你确定能够拦截的情况下，绕前防守；第三，如果被防守队员正要把脸转向球门一边，要防止他转身；第四，如果他已经转过身来，则把他控制在边线附近；第五，如果有必要的话，铲球，否则就让自己处在他和球门之间的位置。学科知识的学习，也需要明确思路，这正是教师的责任所在。

三是及时进行反馈。为什么学生玩游戏的兴致比学习要高很多，一个很重要的原因就是玩游戏能够得到及时反馈。每次冲关成功，都会有分数、升级等各种类型的反馈让你感受成就；每做完一次高难度的动作，都会带来设施设备的更新换代……这种快速、及时的反馈，加上一次次的反复训练，最能培养出一个人的直觉，让其做出及时判断。学习需要的也是这样的及时反馈，特别是在出现错误的情况下，借助学生对错误比较敏感的心理状态，及时给予反馈，学生就会不断调适自己，反复训练，直到改正为止。如果学生训练时得不到反馈，或者得不到及时的反馈，这样的练习是没有多大意义的。在学生对所学知识知之甚多的大背景下，给学生提供及时的学习反馈，正是教师的价值所在。

四是在一定的时间内保持注意力的高度集中。进入互联网时代的人们，在无形之中被网络绑架，早晨起来第一件事情，就是看看手机里有没有什么重要的事情发生；走到办公室里，一边打开电脑，一边关注好友的微信推送，同时脑子里还在想着今天要做的事情。人们会同时处理几件不同的事情，往往每件事情都浅尝辄止。这样的生活和学习状态，对学习和理解知识是很不利的。要成为一个领域的高手，就必须在无干扰的情况下沉浸其中，将注意力集中在一个问题上，专心致志地进行探索。高度集中注意力不是轻易就可以实现的，却是可以训练出来的。纽波特认为，对新手而言，每天 1 小时左右的深度工作似乎已经是极限了；而对专家而言，时间可以长达 4 小时左右，但也不能再长了。

看来，每天坐在那里学习，并不是一个好办法。掌握深度学习的要素，对现有的课程和课时安排做出改革，让学生经常沉浸其中，获得学习的高峰体验，才是今天的课程和教学改革更要关注的。

学习中的交互作用

相信做父母的一般都有这样的体验：教孩子学习某一知识或某项技能，有时会发现孩子无论如何都不能理解，这让父母很有挫败感。但过了一段时间后，孩子似乎很自然地就掌握了它，这又让父母感到非常惊奇。

❂ 现有水平和潜在水平

为什么会有这样的现象？维果茨基的"最近发展区"理论，可以对此予以解释。

维果茨基认为，学生的发展有两种水平：一种是学生依据自己现有的知识和能力就可以学习某些新知识的能力水平，称为"现有水平"；一种是可能达到的能力水平，称为"潜在水平"。如果父母要求孩子掌握的某一知识或者技能，超出了孩子可能达到的"潜在水平"，孩子是很难掌握的。而孩子的这两个水平并非固定不变，会随着自身不断地学习而改变。过一段时间，父母要求孩子掌握的知识或技能落到了孩子的"现有水平"和"潜在水平"之间，孩子就容易掌握了。

维果茨基将孩子的"现有水平"和"潜在水平"之间的区域，称为"最近发展区"。孩子的学习只有在这个区域里进行，才是有意义的。

在孩子的现有水平甚至之下组织学习，纯粹是浪费孩子的时间；在孩子的潜在水平甚至之上组织学习，往往欲速则不达。这提醒我们每位教师和家长，要在了解孩子当前发展水平的基础上，给孩子布置恰当的学习任务，让孩子的学习处于其最近发展区内。

即使给孩子布置的学习任务处于他的最近发展区内，也不能保证孩子就能很好地参与到学习中来，并取得好的学习成效。这是因为学习行为并不是在真空中发生的，而是发生在课程和课堂的真实情境中。在这种情境中，孩子的智慧，孩子对智力的追求，孩子与社会、情绪等问题的交互作用，直接影响其学习和学业表现。在课堂上，课堂气氛会以明显的或微妙的方式起作用，很多善意的或者看上去微不足道的决定，会对课堂气氛产生意料之外的影响，并影响孩子的学习效果。

◌ 三种交互作用及其意义

举一个事例来说吧。教师给孩子们布置了一份阅读材料，让他们品味这份阅读材料的内在价值。就这一学习活动来说，就存在多种交互作用，并对孩子的学习产生直接的影响。从大的方面看，主要有以下三种交互作用。

第一种是孩子和阅读材料之间的交互作用。

因为孩子们的文化素养和阅读素养存在差距，他们在面对同一个阅读文本时所做出的应对是不相同的。美国一些专家的研究表明，中产阶级家庭的孩子，更能理解逻辑结构较强的文本，而那些贫困家庭的孩子，在此方面就有很多困难。要让一个班级的孩子在阅读同一文本的时候能够达到基本的学习要求，教师就需要给孩子做阅读技巧上的指导，以及阅读关键点的提醒。这就是我们常说的"搭脚手架"。在这个过程中，孩子会品味教师提供的阅读方法，并将其运用到阅读材料之中；也会调动自身已有的经验来理解阅读材料，获得对文本的一种体认和理解。

第二种是孩子和教师、同学、班级环境之间的交互作用。

同一份阅读材料，如果教师仅仅关注文本自身的价值，而没有考虑其给孩子带来的情感上的困扰，就有可能导致师生关系紧张。比如班级里有一些孩子是单亲家庭的，有一些孩子有生理缺陷，有一些孩子有心理障碍，如果阅读材料涉及这些方面的内容，说不定就会导致师生关系不协调，从而影响学生后续的学习。教师安排分组学习，或者请部分孩子对阅读材料进行学习交流，小组成员的组合方式、小组活动内容的安排、孩子的即席发言、孩子相互之间的评价等，都有可能给某些孩子带来情绪上的影响。比如某个孩子发言之后听到班级同学的嬉笑声，尽管这些笑声可能是善意的，但发言的孩子还是会产生情绪上的波动。在课堂上构建良好的师生、生生关系，直接影响学生的学习效果。

第三种是孩子和自己内在的交互作用。

学习本身就是一个不断同化和顺应的过程。孩子所学的内容和他原有的认知可能产生冲突，这就要求他做出判断，做出认同还是反对的抉择，并在这个过程中重新建构自己的认知结构。除了认知结构的变化外，孩子在与环境互动的过程中，还会做出很多抉择。比如，这件事情值不值得学习，它对自己的意义是什么；如果值得学习，自己有没有能力去学它，自己已有的知识和资源有哪些；如果开始学习，自己将选择怎样的路径和策略；等等。这些都是要重新梳理的。

以孩子为中心的学习，要求教师着眼于孩子，对孩子当下的发展水平、课堂氛围对学习的影响有更加清晰的认识，多关注学习中的交互作用，而不仅仅是关注学习内容。

你了解自己的元认知吗

高考之后的估分，是很多考生关注的事情。教师经常会发现这样的情况：不管是模拟考试的估分还是正式考试的估分，有的学生估的分数和自己的考试成绩总是非常接近，而有的学生则偏差很大。

之所以会出现偏差比较大的状况，可能是因为这些学生在元认知方面出了问题。元认知，简单地说，就是对自己思维状况的认识。有的人能够成为高效的自主学习者，是因为他对自己的元认知技能有比较深刻的认识，在面对日益复杂的学习和工作环境，需要耗费更多的时间和精力去完成某项任务的时候，能够识别任务的特征、自身的优势和不足，寻找最佳方案来促进问题的解决。而那些不具备元认知技能的人，总是以不变应万变，试图用一种方法包打天下，从而导致在学习中出现各种挫折。

学习科学的研究表明，一个基本的元认知循环过程由以下几个环节组成。

第一个环节是正确评估自己所面对的学习任务。学生在面对一项学习任务时，经常会有"想当然"的想法，如将当下的学习任务和自己前面曾经做过的事情联系起来，准备用当时的解决策略来应对当下的任务；有的学习任务只要求学生体验学习的过程，但学生们却将注意力放在如何呈现结果上；等等。因为对任务的目标存在认识上的偏差，导致在实施过程中越走越偏。学生不能正确评估学习任务，与教师交代的任务目标不够清晰有关，也与学生平时在学习中没有养成良好的评估任务习惯有关，还与一项任务做出评估后学生得不到有效的反馈有关。教师在给学生布置一项任务后，要提醒他们不要急于处理，而要先评估任务的特征，明确任务的要求，在必要的时候给学生提供作业的模板，让他们理解任务的性质。

第二个环节是正确评估自己拥有的资源状况。做任何事情，都需要一定的知识和技能储备，需要相应的工具，也需要考察当下的环境状况，判断其是否有利于任务的完成。学生最容易出现的毛病，就是过高地估计自己的能力，觉得做这件事情不会耗费多少时间和精力，在规定的期限到来前，不用心于此，等到最后一刻才将注意力放在所要完成的任务上，这时突然发现需要调动的资源很多，自己根本无法完成。经常出现这样的状况，会让学生怀疑自己的水平，会让他们在学习中丧失信心。让学生正确认识自己，其实并不难。教师在给学生布置学习任务的同时，就要让他们学着分析任务的外部条件、内在条件，学着梳理他们拥有的资源，并将这些资源和要解决的问题关联起来。只有教师坚持不懈地去引导，时间长了，这些行为才会变成学生的自觉行动。

第三个环节是制订计划。"凡事预则立，不预则废"，在学生明确任务的性质，知道自己所拥有的资源之后，接下来就要拟订解决问题的计划。专家和新手在解决同一个问题时，有很大的区别：除了知识组块之外，专家有先拟订计划的习惯，然后再根据计划逐步实施；而新手则喜欢直接套用公式或者某项原理，这条路走不通再换一条，这会耽误很多时间。不光是在开展综合性的学习活动时需要制订计划，就是求解一个简单的练习题，教师也要让学生养成先想清楚解题步骤再下笔的良好习惯。这是一个计划的过程，也是有效组织学习资源的过程，更是让问题的解决条理化，让自己的思维明晰化的过程。

第四个环节是运用多种策略来实施计划。在执行计划的过程中，需要用到多种策略和方法。比如，是选择某一个体还是选择群体作为研究对象，有利于问题的解决？是用分析法还是用综合法作为研究的方法？

是对多个研究对象同时进行观察，获得相关的数据，还是一个个单独观察？这些都需要做到心中有数。教师要让学生形成对自己的行为进行监控的机制，学生在执行计划的同时，能够通过监控不断纠正和调适相应的行为，保证计划执行的有效性。主要的监控方式包括：教师指导学生开展自我评估，要求学生解释自己的学习活动，要求学生在小组交流时听取同学的意见和建议等。

第五个环节是反思当前方法的有效程度。教师要不断地给学生创设机会，让他们反思当下所采用的方法在多大程度上是有效的。如果有效程度不高，就应让学生调整自己的学习策略和学习方法。需要注意的是，每个人都不希望改变，因为改变是要付出代价的，也是需要一定的时间来适应的，除非他意识到付出代价对自己来说是值得的。

要想成为自主学习者，学生就必须学会评估任务的要求，评价自己的知识和技能，设计自己的学习方法，监控自己的学习，并根据需要调整自己的学习策略。用一句话来概括，就是要善于反省并指导自己学习。

记忆的重构

看传记类作品时，读者经常惊讶于当事人惊人的记忆力。发生在多年之前的事情，当事人依然能够叙述得栩栩如生，能够对一个时期或某一瞬间发生的事件进行"回放"。

如果我们了解一些脑科学的原理，就会明白当事人讲述的那些事件，往往不是事件的本来面貌。记忆的本质是重构而非复制，记忆的过程与摄像机的拍摄不同，回忆更不是重放视频，而是将一个个记忆碎片拼凑成一段有意义的故事。

剑桥大学实验心理学家巴特莱特曾做过这样一个实验。他邀请一批受试者阅读一本讲述民间故事的书，当时并没有告诉他们意图是什么。过了一段时间，巴特莱特请这些受试者来复述故事，结果发现，他们都根据自己的记忆更改了故事的内容。不同的受试者强调的重点并不相同，而且他们通过自己能理解的方式对故事进行了加工，以使那些看上去不太合理的地方变得合理起来，并且让故事符合自己已有的知识框架。

记忆可分为短时记忆和长时记忆。外界的信息经过人的五种感官传递到大脑，会引起神经元的一系列变化。在短时记忆中，神经元会发生短暂的改变，并释放神经递质，这些化学物质携带信息在细胞之间传递。长时记忆则会引起大脑神经回路以及大脑结构的改变。脑科学家在检测那些对城市道路非常熟悉的出租车司机的脑部结构时发现，与生成地图和存储导航记忆有关的海马体，在获取这些"知识"的过程中，体积变大了。越是有经验的出租车司机，其海马体内灰质的密度越大。这说明，大脑的神经回路，会随着个人的不断学习和记忆的不断强化，以对应的方式不断发生变化。

大脑存储记忆信息，并不是定位于脑的某一确定位置的。那些陈述性事实和知识，主要通过海马体来记忆；有关生活事件及其情景的记忆，与海马体和额叶皮质相关；有关如何做某件事情的程序记忆，主要依靠小脑和纹状体；而有关环境、地标方位等的空间记忆，则主要依靠海马体周围的内侧颞叶结构。典型的记忆是一簇复杂的信息，不同的信息组成部分可能分别加工并储存在不同区域，最终这一大片脑区形成一个完整的事件或概念。不过，海马体是记忆形成和回忆的关键，海马体在其中起的作用就是将这些记忆形成的不同方面捆绑起来，即使不同的记忆储存在不同的脑区，提取时也能保持连贯。

记忆的上述机制和特征，可以引发我们对学习和生活的诸多思考。

首先，记忆因重构而体现出个性差异。学生学习某一知识或者文本，总是建立在自己已有知识储备的基础之上。不同学生的知识储备有明显的差异，他们经过自己的头脑加工处理之后记忆的信息和其他人也会有所不同。有时候教师很纳闷，讲一个很简单的规律或公式，某些学生在记忆的时候总是出现错误。排除学生不够认真听讲的因素，或许他的大脑重构的规律或公式，与书本上就是不同的。既然有确切结论的知识都可能出现记忆的偏差，那些没有确切结论的文本，在理解和记忆的时候"仁者见仁，智者见智"，就更容易理解了。

其次，记忆有明显的不稳定性。短时记忆的信息，原本就很不牢靠，一旦没有其他刺激跟进强化，很快就会被遗忘。要想保持记忆，就必须将其转化为长时记忆。长时记忆涉及神经回路的重新建构，这不是一下子就能完成的，需要通过相同类型的刺激不断强化，才有可能实现。根据学习内容的不同，有的神经回路的构建，用上几天或者几周的时间就能完成，有的则需要数月甚至数年的时间。就像前面列举的熟练的出租车司机对驾车技术和城市地图的记忆等，都是经过长时间反复的操练和强化，才最终成为长时记忆的。有些老师指导学生复习迎考，在几天里集中复习某一知识点，反复训练，看到学生掌握得不错了就开始复习下一个知识点，并将前一知识点弃之不顾。因为没有持续强化和跟进，原来不稳定的记忆开始衰退，过一段时间老师组织测试，前一部分知识学生自然很难回忆起来。

最后，记忆让我们可以憧憬未来。典型的记忆虽然是一簇复杂的信息，但通过海马体的统整协调，我们可以在头脑中重建这簇复杂信息的立体样貌，用自己的知识储备来建构记忆。脑科学家在研究中发现，大脑在回忆过去和憧憬未来的时候，都涉及同一处脑区和同样的运作机制。换句话说，人们在对大脑存储的信息碎片进行重构的同时，也在从往事中提取记忆的碎片，拼凑出未来世界的模拟样貌。这使得人们可以在一定程度上预测未来，并在事件发生前做出决策。

睡眠的意义

虽然人们对睡眠与增强记忆之间联系的细节还不是非常清楚，但睡眠有助于巩固记忆，尤其是有助于增强记忆这一结果看来是无误的。

人的一生中，有将近三分之一的时间处于睡眠状态。睡眠和健康关系密切，睡眠不好，身体机能就可能发生紊乱。很久以前，英国有一种残酷的刑法——让囚犯立正，睁大眼睛，不让囚犯睡觉。再强壮的男子也熬不过 10 天，即使没死，也会神情恍惚，处于癫狂状态。然而，人为什么要睡觉这个问题至今还没有确切答案。

有一种观点认为，睡眠是人类祖先的一种原始本能。在远古时期，有一类动物掌握了以假死作为自卫的最后手段，在实在无路可逃的情况下，利用假死来迷惑敌人，让自己躲过一劫。因为长期使用，假死的功能越来越强大，最后变成了定时睡眠。当然，这只是一种猜想，缺少证据。另一种观点认为，睡眠是为了帮助人们恢复体力，减缓身体、精神甚至是大脑的疲劳。这种观点值得商榷。有科学家就对睡眠和体力之间的关系进行过实证研究，发现睡眠减少并不直接影响人的体力。而大脑有点儿类似于人的心脏，是一个"永动机"，不会因为人处于睡眠状态而休息。近十多年来，随着分子生物学、细胞生物学、脑科学等研究的突飞猛进，人们对睡眠的作用也有了较多了解，发现有很多种生理机能需要在睡眠状态下进行，睡眠具有修复、代谢和合成、发育、巩固记忆等功能。

睡眠有助于清除脑内代谢的废物，从而恢复大脑的活力。科学家对此提供了直接证据。我们都知道，人体中的淋巴系统是一种自清洁系统，它通过淋巴液将细胞新陈代谢产生的废物清理掉。大脑是人体代谢旺盛的器官，脑细胞产生的废物也需要由类似于淋巴液之类的液体来"清洗"。大脑内，还真的有这样一种液体。多数代谢产物由脑细胞排放到细胞间隙之间的组织间液中。而大脑的脑室会源源不断地生产一种叫脑脊液的液体，沿着脑室间的孔道不断输送，再运行到大脑表面。随后，脑脊液会沿着大脑表面动脉的间隙一直流入脑内的组织。脑脊液与脑内细胞间液不停地交换，将由细胞产生并排到细胞间隙的"垃圾"排出脑外，完成一次"清洗"。人在睡觉时，脑细胞之间的间隙增大，脑脊液在脑细胞间的循环比醒时快很多，可以帮助大脑排出清醒时产生的垃圾。而完成这样一次"清洗"大约需要 8 小时，这与正常人的睡眠时间大体相当。如果你不睡觉，大脑就很难做这样的"清洗"工作，时间长了积累的"垃圾"多了，就会给大脑带来不利影响。

早在公元 1 世纪，古罗马雄辩家昆体良就对睡眠与记忆的关系有过阐述。他说，人在睡了一觉之后，之前无法记住的内容突然间就清晰地出现在脑海中。很多人认为睡眠的过程正是遗忘的过程，但事实上，睡眠恰恰可以加强我们的记忆。近些年，随着脑科学研究的深入，睡眠能够巩固和增强记忆这一观点逐渐得到了证实。

我们知道，记忆是从各种感官传递过来的信息，刺激大脑中相关部位的神经元之后，这些神经元产生突触，促使相关的神经元产生联系，形成神经回路的过程，神经回路的保持就是我们所说的记忆。记忆有多种类型，不同类型的记忆通常存储在大脑不同的部位，它们通过海马体建立起关联，使得我们对经历过、学习过的事情有一个整体的印象（记忆）。

我们还知道，睡眠从浅睡眠到深度睡眠可以细分为不同的阶段，在不同的阶段，脑电图、眼球运动、肌张力、大脑皮质回路的神经调节、局部脑兴奋程度以及记忆系统之间的相互联系等都会有所差异。脑科学家研究发现，当人处于睡眠状态时，海马体会重新激活已有的记忆痕迹，并产生与记忆形成时完全一致的活动模式。也就是说，大脑神经元会长出新的突触，用于加强神经元之间的联系，一些很需要或很重要的神经回路将得到保留和加强，而一些被认为是多余的记忆将被"擦掉"。而且，人在睡眠的不同阶段，大脑会激发不同区域的神经元，使得不同类型的记忆被重新激活和增强。如由视觉产生的记忆在人睡眠的所有阶段都会被激发，而运动顺序记忆的激发通常在由浅睡眠向深度睡眠过渡的过程中，运动适应记忆的激发则常发生在深度睡眠的阶段。

了解睡眠的意义，对每个人来说都非常重要。学习者，特别是青少年，正处于长身体和大脑发育的关键阶段，一定要保证他们的睡眠。那种考前临阵磨枪、不睡觉复习功课的做法有百害而无一利，不能帮助巩固或增强记忆，反而可能导致脑部受损。学习如此，工作和生活也是如此。

身体是心智的基础

如果把人的大脑和身体看作部队的不同部门，你觉得大脑像什么呢？在很多人看来，大脑就像部队的司令部，是承担思考、计划、决策等功能的，身体的各个部分就像是一个个作战部队，具体来执行大脑发出的各种指令，它们有非常明确的分工。

但随着脑神经科学、认知心理学以及行为心理学的快速发展，科学家们逐渐发现，大脑和身体的各个部分之间的关系并非如此，身体、环境和脑构成了一个更大的系统。在这个系统中，身体和环境对我们的心智（思想、情感和行为等）的形成影响更大，我们的心理特征是以身体状况以及身体与环境的相互作用为基础的。

举一些具体事例，或许有助于我们理解这件事情。

比如，妈妈教孩子打电话，最常用的方式就是妈妈打电话的时候，告诉孩子妈妈在做什么，然后让孩子摸摸电话，拿起电话听筒听一听，再拨号接通电话，让孩子和熟悉的亲人说上几句话。一段时间后，孩子就会把"打电话"这句话和相关的动作建立联系，他的大脑中就建立起与打电话的系列动作相对应的神经回路，形成了对打电话这件事情的认知。这是通过身体的运动来促进孩子心智发育的非常典型的事例。

外界环境和身体状况会给人的心理状态带来直接的影响。比如在冬日里，别人给你一杯热咖啡或者热茶，你就会觉得此人比给你冰冷矿泉水的人更友好。你到图书馆或者书店里看到一本厚厚的书，或许就会产生这本书"有分量"的感觉，无形中对写这本书的人可能就会多一份敬重。你到超市挎着一个篮子手臂弯向自己的身体采购物品时，在不经意间就会多采购一些自己计划外的物品。正因为这样，一些有心的商家设计店门，总是让顾客拉门时向自己身体的方向拉，以此来提高销售额。

我们经常羡慕舞者跳舞时一个个动作环环相扣，精彩纷呈。他们是如何记忆这些动作并保证在跳舞的整个过程中不会出现差错的呢？这依靠的就是身体的记忆。通过平时的训练，身体的各个部分会将舞蹈的各种动作相应的肌肉协调情况全部记录下来，并在演出的时候按顺序呈现出来。如果你注意观察那些跳水运动员，就会发现他们的身材通常不高，因为身材过高，翻转一圈需要的时间就长，在规定的高度无法圆满完成任务。艺术表演者和运动员都非常善于利用自己的身体来做出决策。

现在回到学生的学习上来。最常见的学习状态，是教师让学生整天坐在教室里听课或者趴在书桌旁写作业，这被很多人认为效率低，浪费时间。因为，如果身体不参与其中，学生经常是很难理解所学内容的。

脑科学的研究表明，在人的大脑中还没有发现有哪个部位是专门负责阅读的。学生开始阅读时，视觉信息传递到大脑中，会激活与阅读内容相关的感觉和动作相对应的大脑区域。如果阅读的文本中有关于踢腿、动手等内容，大脑中负责此类运动的区域就会同步被激活。如果我们能够创设与学习内容相应的活动情境，让学生在身体运动的过程中进一步激发大脑的相应运动区域，就可能很好地促进学生多元神经回路的形成和巩固。

让学生在课堂上进行情景表演就是一个很好的方式。在表演的过程中，学生会把他学习的内容和周围的世界联系起来，通过丰富的感觉体验和运动体验来理解所学的知识。科学课程中的各种实验，也能起到类似的作用。学生对数学概念的理解其实也是建立在丰富的动作体验的基础之上的。我们每天都用自己的身体来摆弄一些物品，在这一物品上叠加一个物品，或者将一个物品加入另一个物品中。在这个过程中，孩子们慢慢就体悟了"加"的意义。幼儿园和小学的很多游戏设计，其目的不仅仅是逗孩子们开心，还包含运用身体动作来促进孩子心智发育、为他的概念学习奠定基础。

人的身体状态和动作在促进人的心智成长方面发挥着重要的基础性作用。我们需要反思当下养育孩子的方式，多给孩子一些活动空间，多设计一些有益于孩子心智发展的活动项目。陶行知提出的解放儿童的头脑、解放儿童的双手、解放儿童的眼睛、解放儿童的嘴、解放儿童的空间、解放儿童的时间这"六大解放"，在脑科学发展的今天，其意义和价值越来越凸显。我们不能以爱的名义减缓孩子心智成长的步伐。

我们如何认识事物

我们通过各种感官来感知世界。我们看到的、听到的、接触到的、闻到的那些事物的相关信息，会转化为生物电信号传递到大脑中，让大脑的神经系统处理。在处理这些信号的过程中，其中一些信号由于各种原因会被调整和改变，最终在大脑中形成影像，这一影像就是我们"看"到的事物和世界。

因为经历了上述信息的采集、转换和加工以及在脑海中构建新形象的过程，所以我们看到的世界通常并非真实世界的原貌，亲眼所见的也不一定就完全是真实的情境。人在理解世界、给世界上的万事万物建立影像，以此来构建自己心灵地图的过程中，通常会经历以下三个过程。

首先是有选择地接收信息。泰尔斯顿在《让孩子都爱学习：激发学习动机的策略》一书中指出，人通过各种感官传递到大脑的信息，首先会经过大脑自我系统的筛选，其中有大约 98% 的信息会被删除掉，只有很少的信息进入认知系统。这是因为大脑处理信息是需要耗费时间和能量的，如果不加选择一股脑儿地全盘接受的话，我们的大脑根本负担不了。删除大部分次要信息，让主要信息凸显出来，是大脑对信息进行加工的主要方式。

我们每天上班有大致固定的线路和出行方式。我们自以为对这条线路各方面的情况了如指掌。但如果某天有人告诉你，这条线路上有一家很有趣的店铺，而你对此几乎没有什么印象，你不必觉得奇怪，这就是你在出行的时候有选择地接收信息的结果。你在出行时关心的主要是道路是否通畅、是否塞车等信息，其他方面的信息对你来说并不重要。教师教学生学知识，自以为将某一知识点讲得非常清晰和透彻，但过后一检查，发现有些学生根本不理解。之所以出现这样的情况，可能也是因为学生选择性地接收信息，在听课的时候就把教师讲述的这些知识给删除了。

其次是对信息进行概括，让其一般化。每种事物都有其特点，人们如果对其仔细研究和分析，可能就会梳理概括出令人惊叹的成果。但人的精力有限，要学习的内容很多，不可能对每件事物都投入很多的精力，有相当多的事物只需要浅尝一下就可以了。对这样的事物，在初步学习之后，大脑会将其进一步简化处理，用一般性的概念来概括。这有点儿类似于地图，有的道路很宽，有的道路很窄，有的建筑很高、很有特色，有的建筑很矮、很破旧，但通过一般化处理后，我们对道路的宽窄、建筑的高矮和新旧并不关注，只需要明确这里是道路、那里是建筑即可，这就是一般化的过程。大脑构建学习者的心灵地图，采取的也是类似的方式。

概括和一般化的过程，同时也是对具体事物进行抽象形成概念的过程。比如我们看到一种固体物质，想要了解它是什么，通常可以从色泽、密度、导电性等几个角度去分析，而色泽、密度、导电性等就是我们抽象出来的具有普适性的概念。在研究物体的属性时，这些概念一方面可以帮助我们明确需要关注的领域和分析的思路，减少盲目探索；另一方面可以大大降低研究成本。

再次是扭曲部分信息。拿地图举例更为直观。我们要将城市的基本信息整合到地图上，就必须采取变形、扭曲等各种手段。很多城市市中心道路密集，建筑众多，郊区相对要好很多，因此在同一张地图上，市中心区域地图的比例和郊区地图的比例是不一样的，这采取的就是扭曲处理的方式。人在绘制自己心中的世界地图时，采取的也是类似的方式。只不过这种扭曲更加多元化，除了时间、空间等方面的扭曲外，情感领域也会发生扭曲。

情感领域发生扭曲的事例很多。比如学生看到老师走进教室时神态不好，就能即刻推断出他当下的情绪状态，并由此确立自己对教师的应对方式。这种应对本身就是扭曲的、不正常的。如果教师经常以这样的神态和学生在一起，慢慢地这种扭曲的、不正常的状态就会变成一种常态，不仅不利于学生学习，还常常会给师生之间的互动交流，以及各自的成长发展带来阻碍。

认识事物的这些特征提醒我们，我们看到的世界，通常并不是真实的世界，而是经由大脑加工处理后有关这个世界的影像。我们看待世界的方式，决定了我们建立起来的心灵地图的特征。如果我们对自己如何认识事物有更多的了解，就可以帮助我们正确处理与周边环境、他人、世界之间的关系。

善用信息通道

美国哈佛商学院有关研究人员的分析资料表明，人的大脑每天通过五种感官接收外部信息的比例分别为：味觉1%，触觉1.5%，嗅觉3.5%，听觉11%，视觉83%。显然，听觉和视觉是很重要的信息获取途径，耳朵和眼睛是两个重要的感觉器官。

通过各种感官获取的信息，进入大脑之后是如何被加工的呢？心理学家的研究表明，人拥有两个单独的信息加工通道，即用于加工言语材料的言语通道和用于加工图像材料的视觉通道。大脑的不同部分分别完成言语的加工和图像的加工，而后产生不同的心理表征。如果人接收到一个具体的、自己比较熟悉的信息，就会同时通过言语通道和视觉通道对其进行编码。比如接收到"蛋糕"一词后，人会通过言语通道对这个词的意义以及在什么情况下会吃蛋糕等进行解读，同时会通过视觉通道在脑海中构建起蛋糕的心理意象，帮助我们来理解这个词。如果人接收到一个抽象的、陌生的信息，言语编码、视觉编码就会比较困难，人就不容易理解信息的意义。

学习科学对人类信息加工的运行机制有比较透彻的研究，提出"双重通道原理"，并将其作为有效学习理论的基本原理之一，肯定了上述两个独立信息加工通道的存在，强调在学习一件事物时，如果学习者的言语通道和视觉通道能够同时发挥作用，就更容易理解该事物，学习的效果也会更好。

在教与学的过程中，善于利用双重通道原理对提升教学质量有着重要的意义。

有些知识对学生来说深奥难懂，比较抽象，学生借助言语材料进行信息加工本身就很吃力，更难以在脑海中建立起该知识的心理意象。对这样的知识，教师在教学的过程中可以着重通过两个路径来处理。一是设法将该知识内容分解为学生比较熟悉的知识内容，便于言语和视觉双重信息通道进行处理。在学生理解局部的基础上，关注各部分之间的关联，让学生建立对知识的整体认知。二是设法将抽象的知识形象化，帮助学生构建视觉学习材料，通过对所学知识视觉信息的处理促进言语信息的处理。

创设情境，就是将抽象的知识形象化的重要途径。需要注意的是，一些教师比较关注在教学引入阶段创设情境为学生的后续学习进行铺垫，这显然是有必要的，但还是不够的。在教学活动的全过程中，教师都应该关注情境的创设，同时根据学生学习的实际来为他们搭建多元的信息加工通道。比如在学习自行车打气筒的工作原理时，老师这样解释："向上提打气筒的把手时，活塞也随之向上移动，进气阀打开，排气阀关闭，气体就进入气缸里面。"这句话涉及打气筒的很多部件，如活塞、进气阀、排气阀、气缸等，学生学起来并不轻松，如果老师在讲解的同时，给他们配上一组图片，将不同时刻各部件的状态以及气体的动向标示清晰，让学生在视觉上有一个直观的认识，他们学习起来就会轻松很多。当然，在创设情境的过程中，还要注意不要画蛇添足，给学生增加很多与学习主题无关的信息，否则既会对既有学习任务造成干扰，又会导致信息量过大，超出人可以处理的信息容量，给学习带来负面影响。

有些知识的学习，教师既可以为学生提供语言信息加工的材料，也可以为学生提供图像信息加工的材料。在这种情况下，要特别关注整合使用这些材料。比如，有的教师在给学生呈现一个学习内容时，将该内容的相关图像通过 PPT 投影出来，而相关的文字信息则通过自己口述传达给学生；有的教师将图像信息放置在第一张幻灯片的中央位置，而把相关的文字材料放在第二张幻灯片上，或者放在第一张幻灯片的边缘位置，学习者在学习这一内容的时候，需要在文字、图像之间来回切换，这会增加很多无关的认知加工，导致学习效率的低下。恰当的做法应该是把文字材料和图像材料放在同一张幻灯片上同等重要的位置，让两者相邻出现，这有利于两个信息通道同步协调开展工作。两个信息通道虽然是各自独立的，但在同步工作的过程中也会相互推送相关信息，让其在另外一个通道里得到表征，从而加深学生对所学知识的理解。

随着多媒体技术在教学中的普遍应用，教师积累的学科视频、动画等教学资源越来越丰富。这是一件好事，但在具体运用这些资源时，要厘清这些资源中的哪些部分是自己需要的，尽量避免连续几分钟播放。连续呈现出来的动态信息，对学生来说往往速度太快，学生很难在短时间里完成信息加工。如果有可能，教师要对这些动态资源进行切割处理，分段播放和讨论，让学生充分理解前面的内容之后，再进入后续的学习之中。

第四课

改革教育评价

教育评价的前世今生

现代教育评价发端于 19 世纪下半叶,英国科学家高尔顿在其中发挥了重要的作用。他毕生致力于测量,在人类学、地理学、数学、力学、气象学、心理学、统计学等方面都做出了令人印象深刻的贡献。

受高尔顿探索实践的启发,一批心理学家意识到,将教学成果用智力测量的方式呈现出来,并采用数量化方法加以研究,有助于提升教育研究的科学性。于是,大家纷纷投入其中,开展了多样化的实践。1904年,美国心理学家桑代克出版了《心理与社会测量导论》,标志着教育测量运动的真正开端。

1905 年,法国心理学家比奈和他的助手西蒙编制出了世界上第一个智力量表,即比奈—西蒙智力量表,其中涉及 30 个由易到难排列的项目,用以测量智力在多方面的表现,比如记忆、理解、手工操作等,目的是把异常儿童和一般儿童区分开来,并对前者进行特别的教育。该量表被不断地完善,对教育测量的标准化产生了极其深远的影响。

人们常把这一时期的评价称为第一代评价。由于这个阶段的评价主要是编制和选择测量工具、组织和实施测量、提供测量数据和评价结果,所以这是以工具为导向、以测量为标志的评价。测量指向的是一个个的学生,关注的是如何将个体的智力用具体的数量表达出来,既未涉及教学过程,也不涉及对教师、学校的评价。

20 世纪 30 年代初的经济大萧条,导致大批青年无法就业,纷纷涌入高中。当时美国的高中课程是为升入大学服务的，显然不符合这些青年的就业需求。高中的课程设置与学生需求之间的尖锐矛盾，促使美国进步教育协会实施了一项实验，史称"八年研究"。拉尔夫·泰勒主持了"八年研究"的评价工作，并在此基础上出版了《课程与教学的基本原理》一书，把课程理论归结为四个最基本的问题，即确定教育目标、选择教育经验、组织教育经验、评价教育经验，由此构成了著名的泰勒课程原理。该原理把评价关注的焦点从学生身上转向整个课程方案，聚焦教育目标，融入课程设计和实施的全过程，强调人的行为是复杂的，需要从多方面加以综合评估。这是"划时代的教育评价宣言"，而泰勒本人则被誉为"当代教育评价之父"。换句话说，真正的教育评价是从泰勒原理的建立开始的。这是第二代评价，是以目标为导向，用教育评价来描述教育效果，以描述为特征的评价。

1957 年 10 月苏联成功发射世界上第一颗人造卫星引发了美国上下一片恐慌，学校教育成效不佳被认为是美国落后的主要原因，由此催生了课程教学改革运动，对教育评价也提出了新的要求。在反思泰勒原理只注重结果，局限于注重教学目标实现与否的弊端的基础上，斯塔弗尔比姆提出了决策导向或改良导向教育评价模式，包括背景评价、输入评价、过程评价和成果评价，强调评价不仅要以目标为中心，更要注重对决策的评价；不仅要关心课程编制者规定的目标，检验这些目标达成的程度，更应注意对目标合理性的判断，关心所做的决策以及决策的依据。教育评价由此进入以决策为导向、以判断为特征的第三代。今天很多地方推行的学校办学阶段性的评价，大都采取这样的评价模式。

第三代评价虽然关注了对目标和决策的评价，但仍属于上级对下级、专家对基层开展的评价，有着浓厚的管理主义倾向，预设的评价指标往往会忽视教育价值的多元性，在实践中弊端逐步显现。20 世纪 80 年代，美国著名教育评价专家库巴和林肯依据建构主义方法论，提出了第四代评价范式，倡导以价值为导向、以共建为特征的评价，认为评价就是对被评事物赋予价值，其本质是一种通过"协商"而形成的"心理建构"。

强调在评价过程中，学校、教师、学生以及其他利益相关方要共同参与其中，大家都有机会发表自己的意见，通过平等、合作的互动交流，来建构统一的观点。这一全新的评价理念一经推出，就在教育领域引起了很大的反响。

如果仔细研究《深化新时代教育评价改革总体方案》，就会发现这一新的评价方案和前四代评价又有不同。第一，教育评价的利益相关方均在其中，从政府、社会、学校、教师、学生到家长，全面覆盖；第二，要在纵向上构建大中小幼一体化的学生发展标准，前所未有；第三，在横向上建立德智体美劳和谐并进的发展标准，要素齐全；第四，在评价理念上突出核心素养的培育，在评价技术上突出与人工智能、大数据等智能技术的融合，立德树人。从这个意义上看，我们正在建构第五代评价，这是一种以服务学生成长为导向的立体式多方位评价，智能化的运用将是这一评价的核心特征。

改进结果评价的三个维度

《深化新时代教育评价改革总体方案》明确提出，要"改进结果评价，强化过程评价，探索增值评价，健全综合评价"，以实现到 2035 年，基本形成富有时代特征、彰显中国特色、体现世界水平的教育评价体系的改革目标。

所谓结果评价，就是在经历一段时间的学习之后，针对学习者是否达到学习目标和教学要求而开展的评价，用于了解学习者的学习成效。学校举行的期中、期末考试，教育部门主办的中考、高考等，就是最为常见的结果评价。

结果评价，强调用客观、具体的数据对复杂的教育现象以及学生的学习行为进行定量描述，是教育评价追求科学化路径的理性探索，其价值是不能被否定的。无论工作还是学习，都要注重结果，教育教学工作更是如此。教育的根本目的是立德树人，如果不关注结果，很有可能就会导致对目标的漠视，以及人才培养规格的弱化。

但在具体实施的过程中，过于强调结果、唯分数论带来的弊端也是显而易见的。一是只见分数不见人，看不到学习者或教育者在其中付出的努力，意识不到教育的结果不仅与个体的努力相关，还与个体所处的现实环境、教育政策等多种因素相关。二是容易导致为了结果不择手段的情况发生。很多孩子每天写作业到深夜、体质下降明显，很多学校要求老师加班加点，都与此有直接关系。三是不利于在教师和学生群体中构建协同合作的团队。过于注重结果评价和绩效考核，会加剧教师之间的不良竞争，也会加剧学生之间的恶性竞争。大家各自为战，心中都有自己的小算盘，很少会从团队的角度为自己定位。四是往往会给教师和学生带来不恰当的反馈，导致在教育教学工作中忽视发展学生的思想品德、艺术审美、体质健康等多方面素养，让学校教育脱离育人的本质，让教师偏离教书育人的职责。

所谓改进，就是要肯定结果评价的价值和作用，同时克服结果评价在具体实践中的弊端，并深度进行评价工具的开发和量化结果的运用。

一是改变过去仅给出一个分值作为评价结果的弊端，通过多维度的分值表现，让学校、教师和学生获取更多的结果信息。每门学科在编制测量试卷时，都会有双向细目表，一个维度体现的是知识的覆盖程度，另一个维度是考核的能力领域。现在的阅卷系统越来越智能化，可以很方便地对一个群体在某一知识领域、某一能力领域的得分情况进行统计，并通过雷达图等形式对群体的学习状况进行画像，再对群体和个体的学习状况进行对比，这样学生获得的信息就会非常丰富。学生既有自己的总体学习信息，也有分知识点、不同能力维度的信息；既可以了解自己各部分学习的状况，更可以在和群体的比较中发现自己的优势和不足，为自己后续的努力明确方向。上海市普通高中学业水平等级性考试给学生提供的结果评价采取的就是这样的方式，在给出评价等级的基础上，还会告诉学生他在某一知识领域、某一能力维度的成绩处于整个群体的百分位区间，学生可以由此更加精细地了解学科学习结果。

二是让结果评价更加全面、更加精准地反映学生、教师和学校的真实状态。过去大家之所以比拼分数，是因为结果评价提供的数据太过简单，一个人只有一个冰冷的数字。把原本单一冰冷的数字分解成不同的知识领域和不同的能力维度相对应的多元化的数字后，那些原本被冰冷的数字掩盖的学习环节、学习过程的相关信息自然就被揭示出来，学生在分析阶段学习的利弊得失时方向也会更加明确，这有利于促进学生自我反思，并将目光更多地聚焦在自己身上。结果评价绝不仅仅局限于学科的学业成绩评价，还包括对学生德、体、美、劳等领域一个阶段成长的终结性评估。信息技术在教育领域的广泛运用和科学的测评方法在学校的逐渐普及，为全面、精准地对学生、教师和学校开展结果评价提供了技术支撑。

改进后的结果评价可以用于激励个体的成长，而不是同学、教师之间的相互比拼。从教学角度看，教师通过对不同年级学生分维度、分领域的纵向比较，容易看出不同年级学生的学习特点，发现自己在教育教学中存在的问题和不足，后续教学改进的方向也会更加明确。结果评价提供的数据越少越简单，学生或教师就越容易进行横向的比较；结果评价提供的数据越是详细和多元，学生或教师就越容易将目光投向自己，看到自己的优势和短处。

三是丰富结果评价的呈现方式。过去，结果评价较多以量化的方式呈现，努力体现评价的科学性。其实，结果评价除了量化工具之外，质性评价也是很重要的工具之一，这种建立在解释主义哲学基础之上的评价，更加注重价值判断和人文关怀，常采用观察、访谈、自我反思等方式对学习进行评价。比如设计一个看上去很自然的生活情境，让学生经历一个他自己没有察觉是评价的活动过程，通过在活动中观察其表现、在活动后对其进行访谈等方式，对他的某些品质和能力加以评判。综合考量质性评价和量化评价的结果，能够给学生画出更加精准的画像。

过程评价的三大特征

　　20 世纪 80 年代发展起来的第四代教育评价，注重教师、学生等教与学的主体在评价中发挥的作用；关注到学习成果的取得是多方参与的过程，也是教师和学生成长的过程；意识到学生的成长绝不仅仅是智力活动，更是涉及情意、师生关系、学习方法、学习动力等多种因素的综合呈现。这种各方全面参与、以价值判断为导向的评价模式推出之后，在教育界引起了很大的反响，也助推了人们对过程评价这一新的评价范式的理解和运用。

　　过程评价是一种动态评价，是追踪被评价对象（学生、教师、学校、教育政策）的教育全过程而开展的全周期、多维度、以及时反馈和改进为特征的评价。过程评价有以下几个重要特征。

　　一是关注过程。过程是由一系列事件组成的，事物的本质往往通过这些事件表现出来。关注过程，有可能使我们更好地把握事物的本质特征，做出更精准的判断和评价。有一个高二的学生，高二上学期几次测验的成绩忽高忽低，期末考试的成绩也不是很理想，学生和家长都很着急。学校的一位领导知道后，对该生的成绩进行了分类分析，发现：凡是单元测验，所学知识相对比较单一的情况下，该生的成绩都比较好；凡是综合性测验，特别是涉及高一数学知识较多的情况下，该生的成绩就比较差。这位校领导做出了以下判断：该生高二年级的数学学习很稳定，主要问题出在高一。之后校领导和该学生面谈，了解到该学生高一时确实因为师生关系等问题，在数学学习上没付出多少努力，没能夯实基础。在对这个学期的学习过程进行回顾和分析之后，这位学生找到了自信，也明确了问题所在，后续学习的劲头更足了。

二是关注整个学习领域。无论教师还是学生，都会对一段时间后的学习成效抱有一定的预期，结果评价往往就是针对学习是否实现预期目标而实施的评价，而过程评价既关注预期目标，也关注预期目标之外的其他因素，以及这些因素给学习带来的影响。比如教师在教学过程中重构教学流程，改进教学手段和方式，着力构建新型师生关系，注重整合家校以及社会的教育资源等；学生组建学习小组，加强课外阅读，注意每天保持适量的睡眠时间等。这些举措都会给学生的学习方式、学习动机、学习热情等带来影响。过程评价将评价的视野投向学生的整个学习经验领域，认为凡是有价值的学习经验都应当得到肯定评价，而不管这些学习经验是否在预定的目标范围内。只有这样，学生的学习积极性才会大大提高，学习经验才能越来越丰富。

三是强调及时反馈和改进。一般来说，学生很喜欢玩游戏，而且乐此不疲。游戏之所以让人如此着迷，其中一个非常重要的因素就是它的及时反馈功能——它总在第一时间给玩家反馈相关信息，让玩家了解自己的状态，激励玩家一步步进阶。如果学习也像玩游戏这样，那学校和家庭教育将会省很多事情。这并非不可能实现，因为知识本身是充满乐趣的，也是可以随着学习的深入而不断晋级的。每个学生都有求知欲，关键就是教师要通过巧妙设计，让学习过程更富情趣，让过程评价伴随其中，对学生的每一点学习进展、每一个小小的进步都能及时给予评价，并提出改进意见和建议。过程评价这种及时性的反馈、改进建议，能让学生在第一时间获得成功的喜悦，并保持这种进取的激情。

从评价是否规范的角度看，过程评价可以分为两类。一类是事后过程评价，即通过档案袋、过程评价量表等做好学习过程的观察记录和相关测量，在一段时间的学习后，凭借这些观察的资料和测量的数据，对学习过程加以评估。在评估的过程中，可以采用多种手段，如个人自评、小组评价、教师评价等，最后分析通过各种评价手段所得结果的异同，达成共识。另一类是随机式过程评价，它通常是与教师的教和学生的学的过程同步进行的，是与教学融为一体的。教师在课堂中对学生表现的一句表扬或批评、一种肯定或否定，甚至一个眼神、一个动作，以及同学之间的互动交流等，都有可能引发学生的学习与思考，规范学生的学习行为与学习方式。

上述两类过程评价之所以没有在平时的教学实践中得到广泛使用，一方面是因为它实施起来比较烦琐，另一方面是因为采集相关数据不容易。但随着大数据、人工智能等技术在教育教学领域的广泛运用，原来烦琐的数据采集和分析工作已经可以由机器来实现，这使得过程评价在教育教学实践中的广泛应用有了保障。所以《深化新时代教育评价改革总体方案》提出要"强化过程评价"，让其在促进学生全面发展上做出更大贡献。

探索增值评价

增值评价的提出，源于对学校效能的研究和讨论，从 20 世纪 70 年代开始逐渐发展起来。1992 年，美国田纳西州率先将增值评价系统作为州教育促进法案的一部分，在增值评价的具体运用上迈出了重要的一步。此后，增值评价越来越得到教育工作者的认可和政策制定者的青睐，成为在教育评价领域积极探索实践的主要方式之一。

增值评价是目前国际上最为前沿的教育评价方式，它重在评价学生的进步程度和学校的努力程度，通过对一段时间内学生学习状况的观察和测评，来判断学生的成长和进步状况，并从学生整体的进步程度来衡量教师、学校的努力程度，从而科学地评价学校教育效能的高低。增值评价具有以下特征。

第一，增值评价是一种纵向评价，关注的是一段时间来学生的成长、学校的发展。在教育评价中，最常用的评价方式是使用学生成绩原始分数的平均分或升学率作为评价指标，确定学校或教师的工作是否有效。比如，某次数学期末考试，甲同学考了 80 分，乙同学考了 90 分，在横向比较中乙同学名次靠前，相比甲同学学习成绩更为优秀；而如果从纵向看，了解到上学期期末的数学成绩，甲同学只有 56 分，乙同学考了 89 分，就会发现甲同学进步得更快。如果上述分数是两个班级的平均分，则甲班数学教师的教学效能更高。通过纵向比较个体、群体前后学习的状况，学生学习、教师教学或学校教育的进步状况一目了然，教育教学的效能高低得到了很好的体现，也避免了唯分数论的弊端。

第二，增值评价是一种更为公平的评价，它不用同一把尺来衡量个性迥异的学生、办学状况差异较大的学校，而是基于学生的进步、学校教育质量的增值来做出价值判断。每所学校的学生水平差异很大，在各种考试评价中，所给定的评价尺度通常只有一个，60 分是及格，90 分为优秀，以及预先设定的平均分值等，已经为学生、教师之间的相互比较设定了框架，只等分数出来一一贴上标签即可。像上例中的甲同学，尽管师生都付出了很大努力，也取得了明显的成效，但在一刀切的评价中，无法得到科学、正确的评判。美国教育评价专家本杰明·布鲁姆说，衡量学校好坏的唯一标准是学生在原有基础上进步的幅度。增值评价的着眼点就在于此，它重在比较一段时间内学业成就的变化，这既有利于激发那些基础不太好的学生的学习热情和创造力，激发那些生源质量差的学校的办学活力，也容易让测评成绩较为突出的学生和学校看到不足之处，促进学生和学校共同成长。

第三，增值评价是一种多元评价，它更关注测量数据背后隐含的价值，关注学习环境、教育环境对教师的教学、学生的学习产生的影响。学生每次的学业成绩，都是多种因素，如学生之前的学习基础、家长对孩子的期待、家庭经济基础、师生关系与生生关系、学校的办学条件、教师的教学水平等共同作用的结果。增值评价就是把各种相关影响因素考虑进来，得出学生学业成就数据背后更为广泛和真实的含义。在具体实施的过程中，只要通过相关统计分析技术，从众多的因素中把学校对学生发展的相关影响因素挖掘出来，然后分析比较学生在前后两次学业成就测评期间的进步幅度，就可以得出学校、教师等对学生发展产生的具体影响。

第四，增值评价有助于促进每位学生、教师和每所学校的发展。增值评价是针对一定发展阶段的纵向评价，在设计上具有跟踪观察的特征，能够通过多元的、丰富的数据描述识别出学生、教师或学校的成功与失败之处，作为发现问题、做出决策的起点，对个体或学校的发展具有积极的引导作用。增值评价的基本理念是保证每位学生、教师及每所学校在原有基础上协同进步，这就要求教师的眼中不能只有成绩优秀的学生，学校领导的眼中不能只有名师，教育行政部门领导的眼中不能只有名校，而要兼顾所有学生、教师和学校的发展与进步。增值评价为教师的教学效果、学校的办学绩效提供了科学的评价依据，有助于教师和学校明确责任，也为教育问责制的实施提供了基础。

增值评价是一种新兴的评价方式，目前尚处在探索实践阶段。实施这一评价需要具备以下几个方面的条件。一是一定时间段内的数据积累。没有数据积累，增值评价就是无源之水、无本之木。二是定期举行的标准化测试，以及教育质量评估调查等。如果没有区域层面的教育质量检测，就很难对学校、教师的教学效能进行比较。当然，测试工具本身有很多规范，也是需要同步考虑的。三是要有相应的统计技术、统计模型的支撑，用以分析、处理、筛选相关因素，描绘出进步程度。运用不同的统计模型，会得出不同的结论，评价的指挥棒作用还是很明显的。

探索综合评价，关注全面发展

　　上海的春季高考，是践行综合评价的一个典型。在春招录取过程中，招生学校既要参考考生在春季高考中语文、数学、外语三门学科的考试成绩，还要参考学生提交的高中学段各学科学业水平考试的成绩，以及学生综合素质评定的相关信息。在此基础上，招生学校组织面试，对学生的道德品质、专业意愿、个性特长等进行综合评价，最终确定录取名单。

　　简单地说，综合评价是一种多指标评价，通过规范的方法，对具有一定内在联系的各种指标加以测评，以便从整体上做出价值判断。这样的评价方式不仅可以用在中考、高考等招生环节，且更多地适用于评估区域、学校等的办学效益，在对教育活动及其整体要素做出价值判断方面可以发挥重要作用。

　　综合评价具有以下几方面的特征。

　　第一，在评价目的上注重整体性。目前的各种考试和评价，诸如期中、期末考试，中考和高考的统一考试科目等，基本上都属于学业成就测评，侧重于对学生智育的考量。综合评价关注德、智、体、美、劳的全面发展，注重在五育的各个领域设置观察点，确立测量指标，积累测量数据，建立以"立德树人、五育并举"为核心的育人质量标准体系和测评体系，从整体上来衡量学校的育人质量、学生的成长特质。

　　第二，在评价主体上凸显多元性。综合评价的一个突出特点，就是通过制度设计，让利益相关方都参与其中。政府和督导机构确定了学校办学的标准、教师专业发展的标准、学校优质均衡发展的指标体系、区域教育现代化的指标体系等，是综合评价的主要设计者。学校是落实上述各项标准和指标体系的实践者，在育人路径的选择、教育教学方式的改进、办学质量的提升等方面有着鲜活的经验，也是综合评价的重要落实方。学生和家长是教育的直接受益者，他们对学校在教育教学过程中是否落实了立德树人的根本任务，是否促进了学生德、智、体、美、劳的全面发展有着切身感受，他们的意见在综合评价中具有代表性。学校和区域教育是否发挥了文化高地的作用，是否有效促进了社区经济等各项事业的发展，也需要给社区各界一个评价的通道，让他们各抒己见。

第三，在评价内容上呈现综合性。倡导综合评价，并非要削弱现有的学业成就评价，而是坚持学业成就评价与综合素质评价相统一的原则，在关注学生学业成就的同时，更多关注学生在道德品质、公民素养、学习能力、团队合作、社会实践、志愿者服务、运动技能与健康习惯、审美与表现能力、研究性学习、个性特长等方面的表现，对学生的综合素质实施评价；在关注学校学业质量的同时，更多关注学校在育人目标、课程设置、学业负担、教师质量、教研活动、校园文化、资源整合以及政府投入等维度的发展指标，对学校的办学状况给予综合的、全面的评价。

第四，在评价方法上突出多样性。重视过程评价，针对相应的评价指标，通过对学生、学校较长时间的持续测量，形成有关各项指标的动态变化的数据，据此分析成长和变化的趋势与特征。重视结果评价，依据质量标准来判断学校教育是否实现了预期目标，学生是否完成了课程方案规定的学习要求。重视表现评价，通过演讲、实验操作、调查研究、作品展示、戏剧表演等多种方式，给学生创设真实的学习任务，在学生完成实际任务的过程中来评价学生的发展，不仅评价学生对基础知识、基本技能等的掌握情况，更通过对学生表现的观察分析，评价学生在创新能力、实践能力、与人合作的能力以及健康的情感、积极的态度、科学的价值观等方面的发展情况。重视发展评价，改变评价过于注重甄别与选拔的功能，把教学和评价融为一体，着力促进学校和学生的全面发展、主体发展和差异发展，以发展的眼光来看待学生、学校，而不是用一把固定的尺子对评价对象进行分类。

《国务院关于深化考试招生制度改革的实施意见》发布后，各地积极探索和实践综合评价，已经取得了不少成果。但在实践中，也发现了一些问题，比如，各地、各条线都积极探索，相继构建起了具有一定特色的综合评价体系，但这些评价体系大多存在内容相近、多头管理、各自为战等情况，大家分别通过不同渠道去监测基层的教育教学状况，导致基层负担过重。比如，综合评价的指标虽然内容广泛，但较多以学生行为的纪实性记录为主，可监测性、可操作性不强，评价数据的深度挖掘不够。要深入推进综合评价，就需要加强顶层设计，从目标、内容、方法等维度明确评价的指标体系，明确评价参与各方的职责，使其相互协同、各司其职，还需要统筹协调测评的方式和流程，既确保综合评价的高质量，又尽量减少对基层学校教育教学的干扰。

及时进行评估

做一件比较复杂的事情，干了一段时间如果自己不知道做得怎样，心里没底，就会对自己的工作产生怀疑；如果在较长时间内得不到反馈，那做事的积极性和兴趣就会逐渐减退。学习也是如此。学习不仅是一个漫长的过程，也是科目逐渐丰富、难度不断增加的历程。如果学生知道自己在一段时间内不会得到反馈和评估，他们就会有意无意地付出更少的努力。有预期的及时反馈能激励学生更好地表现自己。

在学习过程中，有效和重要的评估策略包括以下几点。

第一，确保学生得到及时反馈。换句话说，对学生学习状况的反馈应该是过程性的，融入学生学习的每个环节中，而不仅仅局限于学习后依据作业情况进行反馈，或一段时间后根据测验情况进行反馈。

第二，让学生在事前就明了他们会得到反馈。这样学生在学习过程中目标就会更加明确，注意力也会更加集中。教师最不应该做的，就是搞突然袭击，在学生不知情的情况下突然来一次测试，搞得学生措手不及。看上去是为了让学生对学习时刻保持关注，但这样的检测往往不能让教师了解学生真实的学习状况，反而会导致学生逆反心理的产生。

第三，给学生提供支架性的反馈，让学生自己收获学习成果。这方面最典型的例子就是开车用的导航系统，从开始上路起，该系统就会根据道路的实况给予反馈，告诉前方多少千米直行，什么地方有岔道，要走在哪条车道上，等等。无论是走错了方向还是选错了路径，导航系统都能在第一时间提醒驾驶者，并重新规划路线，确保最终到达目的地。对教师来说，这是最难的事情，要给学生的学习提供支架式反馈，教师就需要了解学生，知道学生当下处在怎样的学习状态、遇到了什么样的困难，在此基础上，才能搭建出恰当的支架来。

第四，让学生继续完成学习任务，直到他们充分理解学习内容。教师对学生的学习进行反馈和评估时，经常出现这样的情况：教师对学生的评估带有终结性的意味，学生知道了教师的评估后感到自己已经完成了学习任务；学生把教师的评估看作类似考试的过程，他们关注的不是学习任务而是评估过程，评估结束了，学习也就结束了。这些都是教师在设计评估时需要关注的事项，要确保过程性的反馈成为激励学生不断深入探究，直到充分理解所学内容的重要机制。

评估的方式也要多样化。最强有力的评估方式自然是教师给出的直接反馈。恰当而及时的反馈，最有可能由教师给出，而且效果明显。但教师面临的最大挑战，就是班级学生人数众多，很难照顾到每个个体的具体情况。

现代信息技术是一种非常有效的及时反馈和支架式学习的途径。比如，现在手机上有很多支持英语学习的程序。学习者进行的识记、跟读、语段学习、阅读理解等内容，都能够通过手机得到及时反馈，程序会指出学生的错误类型和错误频率，在此基础上给出支架式配套训练，让学生反复操练，深刻理解，直到掌握这一知识点为止。萨尔默·可汗的可汗学院，汇集了非常丰富的微课和学习监测的资源，学生学完一段微课之后，可以马上进行学习成效的测试，以判断自己是否真正理解了学习内容。国内一些专家和一线教师，也研发了针对不同学科的相关学习资源，将其有效地整合起来，并与及时反馈的相关策略整合起来，对学生学习的促进作用将是颠覆性的。

还有一种让学生获得及时反馈的方式是同伴互助。学生之间的差异，导致了他们对所学知识的理解、完成学习任务需要的时间等都有很大的不同。如果能发挥同伴互助的作用，让每个学生在学习小组中都能自由地表达自己的想法，并及时得到同伴点拨的、赞同的、质疑的甚至是反对的意见和建议，参与对话的每个学生都将会受到启发，且共同去冲刺和挑战学习任务，最终实现高质量的学习。当然，这需要教师对同伴互助的特点和作用有清晰的理解，并能正确指导学生有效开展。

评估绝不仅仅是告诉教师完成了多少学习任务那样简单。及时评估提供的反馈能够告诉学生做得怎样、做到了怎样的程度，并激励学生将后续的学习任务做得更好。大量教育学、心理学的研究都表明，及时纠错反馈是提高学生学习兴趣和学习成绩的最佳途径之一，它不仅能促进学生自主开展学习，还能够使学生主动回顾所学知识，从而增强对已学知识的记忆，有助于学生透彻理解所学知识。而学生的创新意识、用新奇的方式解决问题的能力，就是根植于对基础知识透彻理解的基础之上的。

评估的间隔效应

经常有教师有这样的困惑：一些学生在平时的学习、作业或测试中表现得还是不错的，但一到大型考试就发蒙，不能将自己平时的水平体现出来。这是怎么回事呢？

教师对学生平时的表现有比较清晰的认识，说明及时评估工作做得还是比较到位的，但仅仅做到这一点还不够，教师需要掌握更多评估技术，以针对学生的不同状况有针对性地开展评估和指导。

学科知识很重要的特点之一，就是它们是有结构的、它们之间存在千丝万缕的内在联系。在一段时间内学习某一知识点，通过不断训练、反馈和强化，可以让学生在短时间里记住这一知识点，如果后续所学知识没有和这一知识点建立联系，过了一段时间这一知识点自然就会被忘记。不少学生在学习一个知识点之后的及时评估中获得了比较好的成绩，但到了大型考试就发蒙，与该知识点被遗忘是有很大关联的。

学习不可能像老熊掰棒子，掰了后一个就丢掉前一个。它是以此前所学的知识为基础，不断拓展对学科的认识的过程。而这种认识过程，不仅仅体现在积累的知识点逐渐增多，更体现在知识点之间的相互联系逐渐密切、学科知识的结构逐渐清晰、学科思维的方法逐渐领悟等方面。因此，如果一些知识点被遗忘，知识之间的联系就会被阻隔，学科学习的视野就会受局限，那么学生在处理那些具有整体性、综合性的问题时就会感到束手无策。

如何改变这样的状况呢？

从教师教学的角度看，就是要从浅层次的、始终关注知识点的理解和记忆的教学，转向深层次的、关注知识之间的联系以及学科思维观念形成的教学。让学生在学习新知识点的同时，能够感受到此前学过的那些知识对新知识的形成、对学科理论体系的建立发挥的作用，从而很自然地建立起相关知识点之间的内在联系。

从评估的角度看，就是要善于根据学习内容的特点，通过知识回顾、复习等方式让所学知识有目的地重现，并对学生的学习状况进行评估。有脑科学家对学生的学习和记忆等进行行为学的研究，发现了对学生学习进行反馈评价的策略。如果学生新学了一个知识点，教师希望学生能够在一周后记住该知识点，那么教师就需要在该知识点学完后，每隔一两天的时间让学生复习一次；如果要让学生保持记忆达到一年以上，那就需要每隔一两个月复习一次。换句话说，学生并不需要每天对该知识点进行重复训练，只需要按照一定的间隔时间复习即可。这对教师的教学提出了新要求，教师的教学不能就事论事，只关心今天学习的新知识，对那些事关学科结构建立、有助于学科思维方式形成的知识点，要有计划地安排学习时空，让这些知识点依次重现。教师通过复习、测试等多种方式从中不断获得学生学习情况的反馈，以帮助评估教学状况，调整教学方案。

这样一种让相关知识间隔呈现的教学和评估的方式，被称为"间隔效应"。有心理学家对此进行了更为细致的研究，提出了五次反馈的间隔评估法。他们认为，要牢固掌握一个知识点，让其成为长时记忆存在于学生的大脑中，需要精心设计五次复习和反馈。第一次，在新知识学习之后十分钟左右进行，以评估学生对新知识的认识是否正确，以免第一印象就出现偏差；第二次，在新知识学习之后二十四小时左右，通过布置的课后作业，了解学生对新知识的理解状况，及时加以点评；第三次，在新知识学习之后一周左右，通过周周练的方式，让这一知识点再现；第四次，在新知识学习之后一个月左右，让学生复习该知识点，通过相关的问题情境考查学生用此知识点解决和分析问题的水平；第五次，在新知识学习之后六个月左右，将该知识点在新的情境中再现，评估学生是否能够准确地提取相关信息，用已学习的相关方法和策略解决新问题，获得新启示。

那些平时成绩还可以但一到综合性测试就出现状况的学生，很有可能与教师对间隔评估这样的策略不熟悉、不会运用有关。有的教师在新授课的时候，会集中一到两周的时间让学生反复训练，基本上没有时间间隔，训练之后立刻进行测试评估，学生的成绩自然是不错的。但如果评估一结束，教师就不再关注这一知识点，将目光转向对新知识的学习，学生没有获得五次反馈，自然就不能将短时记忆转化为长时记忆，等到综合测试时表现不佳也就在情理之中了。

脑科学家的研究也发现，对学习内容的间隔重现和评估，还有助于小脑合成特定的蛋白质，使学习者具有生物学上的发展优势。

评价的几个误区

对做过的事情进行评价，通过评价获得信心，激励自己继续将相关事情做好，或者在评价中发现问题，找到下一步改进的路径和策略，是评价的价值所在。但评价是一把双刃剑，如果用得不好，不仅不能起到应有的作用，而且会带来诸多负面效应。

在学校现有的评价中，以下几种评价在具体实施的过程中，都有可能导致负面影响。

一是"60 分万岁"。

经过一个学期的学习，如果学生在某门课程上获得了 60 分及以上的成绩，这个学期的学习就算及格了，假期里不用再去补习相关内容，也不用担心自己在开学前的补考中是否能通过。因此，"60 分万岁"成了一些学生在学科学习中努力的目标，也成了教师考核学生的一个基准。

但"60 分万岁"，意味着学生在该学科的学习中，有大约 40% 的知识是不理解的，也是不会运用的。这些没有掌握的知识，在后续的学习生活中将成为他们学习的障碍点，可能会让他们在学习中持续受挫。

萨尔默·可汗曾经做过一个对比试验，将一批完成了五年级数学课程但学习成绩较差的学生分成两组，为他们查漏补缺，以帮助他们达到课程标准的要求。其中一组学生从五年级的课程开始，另一组从一年级的课程开始。六周之后，从一年级补起的学生学习成绩明显超过另一组学生。原因很简单，在将这些学生原来的学习障碍点给逐一排除后，他们能够较容易地运用已有的知识去解决新的问题。

如果你希望学生学得更好，你对他们就不能降低要求。要让他们熟练地掌握每一个知识点，给予他们高期待，并为他们设定高的评价标准。

二是正态分布曲线。

期末考试的成绩出来之后，学校和教师都很喜欢运用正态分布曲线来对一个个班级教师的教学情况，以及学生的学习情况进行分析和评价。但正态分布曲线存在不少误区，需要我们仔细辨别。

首先，正态分布曲线将学生分成好、中、差等不同群体，每个群体占据曲线中的不同位置，有着特别的含义。那些平时很努力的学生，看到自己始终处于曲线中比较尴尬的位置，常常感到无助和绝望，学习充满了负能量。其次，学校里的考试大多发挥的是诊断和鉴别的功能，判断学生在经过一段时间的学习后是否达到了预期的教学目标。如果大家都能很好地达成这些目标，他们的成绩分布就不会是正态曲线，用这样的曲线来评价本身就有问题。最后，有的学校还会通过曲线偏离正态分布的状况来评价班级学生的整体状况和教师的教学。如果在评价时坚持认为正态曲线才是最佳状态，就会导致对教育真相的误读。

为什么大家会热衷于使用正态分布曲线？或许是因为我们对教学成效的辨别尚处于经验状态，很难评估学生对知识的掌握情况，所以要借助这一曲线来帮忙。但当我们给予它太多的期待时，其负面效应也就出来了。

教师坚信学生在学业上能够取得成功，这一信念将会对学生产生巨大影响。在这样的情境下，学生自身会产生强大的学习动力，努力要在这门学科上取得优异的成绩。一个班级有很多学生的学习成绩非常优异是很值得鼓励的事情，而通过正态分布曲线做不到这一点。

三是等第制评价。

将百分制评价改为等第制评价，虽然看上去仅仅是一项小的变动，但其意义非凡。长期以来，因为学习竞争日趋白热化，很多孩子和家长都深陷考试分数这个深渊不能自拔，这给他们带来了沉重的心理负担，不利于孩子的健康成长。等第制评价的实施，能够很好地缓解"分分必究"的竞争心态，让孩子在一个比较平和的环境下开展学习活动。

但等第制评价如果使用不当，也会导致评价出现误区。一方面是简单地将考试分数转化成等第，而不去关注学生分数之外的其他方面，比如说学习习惯、学习态度、对学科的兴趣、学科思维品质方面的特点，等等；另一方面是按照考试成绩的百分比来划定学生的等第，规定成绩最好的前15%是优秀，之后的20%是良好……以此类推。曾有一个小学生的家长在网上吐槽，说孩子在某次考试中得了99分，在等第制评价中却得到了第三档次的评价，这让他感到很难接受。这其实就是等第制运用不当所致。

在学业水平考试中，也经常出现这样的状况，规定一定比例的学生不及格，其余的都是及格及以上的等第。结果导致很多学生不认真学习这门课程，在学业水平测试中得到很低的分数，也进入了及格的行列。这也是等第制使用不当的一种表现。

等第不能通过人为规定的比例来划定。我们要评价的是现实中的人，他们的学习表现、完成学业的状况才是我们特别要关注的。

推进评价改革，科学履行职责

　　《深化新时代教育评价改革总体方案》（以下简称《方案》）要求改革各级党委和政府的教育工作评价，推进其科学履行职责，要求各级党委认真落实领导责任，建立健全党委统一领导、党政齐抓共管、部门各负其责的教育领导体制，履行好把方向、管大局、做决策、保落实的职责；要求各地根据国家层面确立的评价内容和指标，细化评价方案，切实履行教育职责评价；要求各级党委和政府坚持正确的政绩观，坚决纠正片面追求升学率的倾向，营造良好的教育生态。

　　推进教育评价改革，各级党委和政府责任重大。

　　首先，要加强研究教育测评理论，着力构建符合《方案》要求的评价体系。现代教育评价发端于19世纪下半叶，伴随着心理学的发展而发展，到20世纪初，教育测量运动正式启动。在一百多年的发展过程中，先后经历了以工具为导向，以测量为标志的第一代评价；以目标为导向，以描述为特征的第二代评价；以决策为导向，以判断为特征的第三代评价；以价值为导向，以共建为特征的第四代评价。每一代评价都有其特定的理论基础和评价实施的方法。《方案》明确提出"到2035年，基本形成富有时代特征、彰显中国特色、体现世界水平的教育评价体系"的改革目标，但现有的四代评价理论都不能涵盖《方案》涉及的各类改革事项，需要我们在未来的十多年时间里，建构起一套新的、体现世界水平的教育评价理论和测评体系。这项工作难度巨大，必须全面加强党对教育评价的组织领导，为评价改革把向定舵；必须尽快建立科学的教育测评体系，为评价实施引航扬帆。

其次，要加强对现有评价项目的梳理，明确各类评价的功能和价值。近些年来，各地在教育评价方面已经做出了不少有益的探索，有的引进 PISA 测试等国际评价，有的积极参加国家或地方的教育质量检测，有的加强对学校办学质量和效益的评估，再加上学业水平考试、毕业或升学考试等，形成了教育督导、质量监测、教学评估、学科质量分析等多种类型评估齐头并进的评价新局面。

各级党委和政府要对这些评价的功能、价值等加以研判，取缔那些与新的评价体系相悖的评价项目，加强对目前尚未关注到的评价领域的理论和实践研究，在完善地方评价体系的过程中，形成比较清晰的评价层级和结构。要切实减轻中小学和幼儿园在评价方面的负担，着力打造具有区域特色的教育资源平台和数字化评价体系，积极探索在常态的教育环境下采集各类数据和信息，通过对海量数据的汇总、挖掘和深度分析，为学校、教师、学生描绘更精准的画像，对学校和师生的状况做出判断并给予恰当指导，促进他们更好地发展。

再次，要切实转变评价的观念，设计好评价改革的路线图和攻关项目。在地方层面，以升学指标、名牌学校的升学率来考核教育部门、学校和教师的情况屡有发生；学校宣传状元、升学率，以及以考试成绩为标准奖励教师的现象也屡禁不止，说明观念的转变依然是当下既迫切又艰难的任务，需要各级党委和政府高度重视，并采取切实有效的措施扭转这种畸形的评价观、发展观。

根据《方案》确定的目标，各级党委和政府要制定更加明晰的评价改革推进路线图，建立与新的评价体系相对应的测量项目的设计标准，明确每个阶段要完成的重点工作，针对结果评价、过程评价、增值评价、综合评价等不同类型的评价，设计若干重点攻关项目，并将相关的工作任务加以分解，以项目的形式向社会各界公开招标，鼓励各种力量积极参与到这一改革的热潮中来，汇聚各方智慧合力攻关，确保按时完成教育评价改革的各项任务。

最后，要加强教育测评队伍建设，着力提升教育评价的专业化水平。在过去一段时间里，教育人才培养的重点聚焦在学科课程与教学领域，在教育测量方面人才队伍的储备明显不足。绝大多数基层教师都缺乏教育测量和教育评价的基础知识，很难科学、有效地开展教育评价的实践和探索，这是制约教育评价改革向纵深推进的瓶颈。要确保《方案》的落地，各级党委和政府要加强教育测评领域的人才队伍建设，一方面，要鼓励相关高校调整专业设置，多培养教育测量和评价领域的科班人才；另一方面，要在后续的教师培养方案中，强化教育测量与评价理论和实操等方面的培训内容，尽可能让专业的人做专业的事。

教育评价既是高质量教育体系的重要组成部分，也是驱动教育高质量发展的引擎。各级党委和政府必须牢固树立新发展理念，切实构建教育评价的新格局，为区域教育的高质量发展保驾护航。

抓好学校评价的着力点

学校评价是促进学校治理和发展的有效手段，是依据党的教育方针和发展规划的要求，对学校的教育教学过程及其实施成效进行评估，为教育决策提供相关信息的过程。过去的学校评价比较强调结果评价，往往依据升学率、平均分、获奖情况等将学校分成三六九等，其弊端日益凸显。近些年来，以全面评价学校综合办学水平，促进学校自主、可持续发展的发展性评价越来越得到各方的认同和重视。教育部门通过个性化评价、分类评价、过程评价、多元评价、增值评价等，充分反映学校的工作绩效和努力程度，最大限度地激发了不同层次、不同类型学校的办学积极性和办学活力。

学校评价在促进教育高质量发展、落实立德树人根本任务方面发挥着重要的作用。要将学校评价落到实处，关键在于建立起教育质量保障制度，在教育质量标准体系、教育质量监测制度、教育质量评估制度、学校评价反馈应用制度、教育质量保障制度等方面着力。

一是要加快建立教育质量标准体系。《深化新时代教育评价改革总体方案》（以下简称《方案》）明确提出，国家制定"幼儿园保教质量评估指南""义务教育学校办学质量评价标准""普通高中办学质量评价标准"等涵盖各学段的教育质量标准体系，这对各级各类学校明确学校内涵建设的指标、推动学校的转型发展有着重要意义。国家层面要加快质量标准体系的研制并争取尽快颁布，各级各类学校要改变过去"跟着感觉走"

的办学思维，确立标准意识，自觉遵守标准要求，围绕标准开展各类教育教学活动，使学校安心、静心、潜心办学，为学生营造阳光、健康、丰富的教育活动与教育环境。

二是要逐渐完善教育质量监测制度。近些年来，教育部和各省市非常重视基础教育质量监测工作，相继建立起不同层面的教育质量监测机构，并研发了多样化的测评工具开展教育质量评价和学业测评，在保证基础教育质量方面做出了有益的探索。伴随着《方案》的全面实施，需要对现有的测量工具进行审视，要依据国家教育质量标准，调整和修改现有的评价指标，合理设置各类指标的权重，恰当选择测评的方法，让教育质量监测能够真实反映学校落实教育质量标准的情况。要把落实立德树人根本任务、促进学生的全面发展作为评价学校办学质量的根本准则，以信息技术、教育测量技术、统计学理论等为基础，借鉴当前一些国际组织和发达国家教育质量监测的技术和手段，进一步完善和细化各级各类学校的教育质量监测框架，健全基础教育质量监测体系，让教育评价发挥正向的引导作用。

三是要有效落实教育质量评估制度。要着力构建政府、学校、专业机构和社会组织等多元参与的学校评价体系，改变过去政府既是学校的直接管理者，又是学校的主办者，还是办学成效的评价者这种"三合一"的状况，让学校教育的利益相关方有序参与其中，着力扶持第三方专业机构，围绕学校的办学思想、干部队伍建设、课程开发与实施、教育质量保障、学校特色创建、"五育并举"的落实、学校环境建设等实施评价。要推动学校围绕教育质量标准和学校的发展规划，建立学校发展的自我评价机制，关注学生个体差异以及对发展的不同需求，为学生、教师有个性、有特色的发展提供空间，推动学校评价向开发每一位师生的发展潜能、激发其创造热情和享受生命价值的人本评价范式转移。

四是要着力构建学校评价反馈应用制度。要建立教育质量监测、学校办学评价等结果的公开发布机制，主动接受全社会对学校办学质量的监督。教育行政部门要发挥绩效奖金的激励效应，制定相应的政策，对认真落实国家教育质量标准、在教育质量监测和学校办学评估方面表现突出的学校予以奖励。要帮助学校分析教育质量指标中表现突出的指标，通过内涵的挖掘和规律的提炼，形成具有可推广性的办学经验，让更多学校受益。针对那些表现不佳的指标，要挖掘背后原因，找到改进路径，并提供相应的资源帮助学校补上短板。要建立教育问责机制，对那些办学成效不佳的学校在干预、问责的同时，加强对口帮扶，在专家队伍、办学经费、物质资源等方面全力支持，让学校尽快脱离困境，走上健康发展的道路。

五是要全力推进教育质量保障制度。要通过制度建设，保障各级各类学校在校舍建设、教学设施、教育投入、师资配备、社会支持等方面的公平公正，让老百姓能在家门口享受优质的教育资源。要全力推进依法办学、自主管理、民主监督、社会参与的现代学校制度，保障学校的教育教学自主权、选人用人自主权、经费使用自主权，充分激发广大校长、教师教书育人的积极性、创造性，充分发挥学校、家庭、社会"三位一体"的共建合力，让学校走上健康发展的快车道。

教师评价要突出发展性

现有的教师评价，比较常见的是对教师课堂教学进行的评价。通过一节课的施教情况，对教师的课程理解力、教学执行力加以评判。还有就是以教师所带班级的学业成绩、承担的研究课题或者发表的论文、学生对教师教学的认可度等作为评定教师整体教育教学能力的依据。这样的评价，针对的往往是教师已经完成的教育教学工作，没有突出发展性；所看重的，往往是一些能够量化的指标，没能体现全面性。

改革教师评价，是《深化新时代教育评价改革总体方案》的重点任务之一。要将这一任务落到实处，需要突出教师评价的发展性，并在以下几个方面着力。

一是建立健全教师荣誉制度，发挥典型示范引领作用。2019年，国家层面的荣誉称号"人民教育家"正式设立和颁发，这对全国教育系统教职员工是极大的激励。要进一步梳理完善国家层面教师荣誉的层级，制定定期颁奖的制度，完善与教师荣誉相配套的待遇保障，让其在教师评价中发挥独特的引领作用。各地以及每所学校，也要制定与之相配套的教师荣誉制度体系，确立包括诸如教坛新秀、教育教学能手、骨干教师、学科带头人、教育拔尖人才、特级教师等在内的荣誉制度，为教师搭建促进发展的、拾级而上的荣誉阶梯，让教师增强从事教育工作的荣誉感和自豪感。

二是构建与专业标准相配套的评价体系，促进教师的专业发展。

2012年，教育部印发的《幼儿园教师专业标准（试行）》《小学教师专业标准（试行）》和《中学教师专业标准（试行）》（以下简称《专业标准》），是国家对合格教师专业素质的基本要求，是教师开展教育教学活动的基本规范，是引领教师专业发展的基本准则，是教师培养、准入、培训、考核等工作的重要依据。这些专业标准突出师德为先、学生为本、能力为重、终身学习等理念，对教师的师德表现和师德师风建设提出了具体标准；引导教师上好每一节课，关爱每一个学生，每学期对每一个学生的学习状况进行述评，指导学生在理想、心理、学业等方面全面发展；要求教师把学科知识、教育理论与教育实践结合起来，突出教书育人实践能力，有效落实立德树人的根本任务；要求教师具有成长性思维，养成终身学习的习惯，紧跟时代的发展和教育改革的步伐。对照专业标准，很多教师会发现自己其实还是不太合格的教师，在不少指标方面仍需完善和提高。依据专业标准对教师开展评价，有利于教师找到自己专业发展的短板，发现自己专业成长的优势指标，从而扬长补短，让自己在专业发展的道路上走得更加稳健。

三是在评价实施中突出教师主体，让评价成为促进教师发展的动力源。对教师的教育教学工作开展评价，涉及的评价利益方很多，比如教育行政部门、学校的校长以及中层干部、学校的同事和学科同行、学生、家长等。比较常见的情况是，这些利益方都能对教师的工作进行评判，学校会依据这些评判、通过某些规则形成最后的评价结论，作为对教师阶段性专业发展的终极评价。而教师自己，在评价实施的过程中则往往被排斥在外，被动地等待"审判"的结果。教师如果对这样的评价结果感到不满，就会被告知这是按照规则行事。根据"以价值为导向、以共建为特征"的第四代评价的基本理念，评价的本质是通过协商形成的"心理建构"，所有利益相关方都要参与其中，发表自己的意见，通过平等、合作的互动交流，来建构统一的观点。教师作为被评价者，更应该全程参与评价实施过程，针对其他利益相关方对自己教育教学过程的一些不解和疑问，真诚地向他们介绍自己是如何想的，又是如何做的，在做的过程中碰到了哪些问题，采取了怎样的措施等，帮助评价者更全面地了解自己，并做出更加符合实际的判断。这样的评价实施范式，是对现有评价观念的一种颠覆，是一个观念重塑、评价流程重构的过程。

四是激发教师的内在驱动力，让评价成为教师自觉自愿的行为。外在的各种激励虽然有用，但往往容易使人满足于最低标准的达标，很难促使他们向更高的标准看齐。在专业发展的道路上做出表率的那些教师，往往都有非常强烈的内驱力，他们对自己从事的教育职业的责任和使命有清晰的认识，对实施教育改革可能面临的挑战和压力有充分的心理准备，对从事教育工作充满热忱和激情。他们往往有比较清晰的职业生涯规划和阶段发展目标，善于把学校的办学目标和自身发展的实际结合起来，选择一条与自身专业成长相符的道路，通过自我评估、自我激励的方式不断促进自身成长。这样的教师群体，无须扬鞭自奋蹄，是教育高质量发展的根本保证。

构建促进全面发展的学生评价体系

　　学生是接受教育的主体，构建良好的学生评价体系，对于促进学生的身心健康和全面发展有着十分重要的意义。落实学生评价，应关注以下几个方面。

　　一是明确培养目标。培养德智体美劳全面发展的社会主义建设者和接班人，是新时代全面贯彻党的教育方针、落实立德树人根本任务的必然要求。社会主义建设者和接班人，回答了"为谁培养人""培养什么人"的问题；德智体美劳全面发展，则明确了"怎样培养人"的路径和方法。长期以来，学生评价普遍存在着重视智育、轻视德育、弱化体育、架空美育、放弃劳动教育等现象，各方都将目光聚焦在分数和排名上，应试教育、反复刷题和不断操练的教育现象愈演愈烈，给孩子的身心发展带来了巨大的压力和挑战，也给国家的未来发展埋下了隐患。越来越多的人认识到德智体美劳全面发展对孩子成长的重要意义，也迫切希望能够构建起新的评价体系，来扭转过去不科学、不全面的评价机制。

　　二是要加快构建促进学生全面发展的评价标准。当前的学生评价，存在的最大弊端是"大路朝天，各走一边"。每所学校、每个学段都在忙学生评价，而很少去关注其他学校、其他学段所做的工作。这使得学生在成长的道路上不断遇到评价标准不统一的境况，有时还会弄得学生不知该何去何从。构建促进学生全面发展的评价标准，需要跳出一所学校、一个学段的局限，站在学生成长的视角上进行一体化设计。在横向上，建立德智体美劳全面发展的标准，对每个年级学生的德智体美劳发展要求加以界定；在纵向上，需要明确各年级学生学习发展的标准，并做好年级之间德智体美劳发展要求的相互衔接和逐级递升，由此建立起多方位、多领域、多层次、多主体的评价标准和评价服务标准体系，确保学生在成长的每个阶段，都能达到国家规定的发展标准。

上海在这方面有很好的实践经验。2005 年，上海就制定出台了贯穿大中小各学段的《上海市学生民族精神教育指导纲要（试行）》和《上海市中小学生生命教育指导纲要（试行）》，开展一体化的课程建设、课堂教学和评价改革探索。2014 年，上海成为全国教育综合改革试点省份，之后又进一步探索构建大中小一体化德育体系，在长时间的实践过程中积累了丰富的经验，这些都是构建促进学生全面发展的评价标准的重要基础。

三是要建立健全综合素质评价制度。改变过去用一个分数报告学生一个阶段学习成效的做法，利用综合素质评价为学生的德智体美劳全面发展画像。综合素质评价需要采集的信息取决于学生评价标准确定的相关指标。这些指标有些是可以量化的，有些是质性的，两种类型的信息都很重要。过程性的信息对丰富综合素质评价有着重要的价值，需要建立恰当的信息采集机制。伴随着高中阶段新高考综合改革方案在各省市的逐步推进，学生综合素质评价的实践也在稳步推进。在实践的过程中，有一些难点需要大家共同努力，找寻突破的良方。

其一是采集哪些信息的问题。综合素质评价涵盖学生的思想品德、学业水平、身心健康、艺术素养和社会实践等领域。在实践中，一些学校借助信息技术对学生的信息进行广泛采集。这涉及学生隐私信息的采集与处理，需要把握好度。

其二是如何采集信息的问题。有的学校要求教师及时观察和记录学生在学习活动中的表现，使得教师在教学过程中手忙脚乱，不利于开展正常的教学活动。

其三是采集到的信息如何分析的问题。信息的采集相对简单，而对采集来的信息加以分析和研究，涉及教育学、心理学、统计学等领域的大量知识，需要专业的团队来做。

其四是如何将综合素质评价汇总的各种信息转化为学生学习的证据。只有这个问题解决了，才可能从根源上改变过去拘泥于分数的传统评价，为综合素质评价的广泛运用奠定扎实的基础。

四是要加强学校的内涵建设。好的学习成效取决于优秀的师资和丰富多彩的课程。构建德智体美劳全面发展的学生评价体系，首先，要引导教师转变评价观念，改变过去考什么教什么、考试科目比什么都重要的狭隘的课程观和评价观，充分意识到每门课程在学生成长过程中的独特价值。其次，要高质量地开齐开足各类课程，既要保证国家课程的教学质量，又为学生的个性发展创设尽可能多的时空；不是简单地在课程实施中关注德智体美劳等要素，而是有机地将它们整合为一体，真正实现"五育并举"。最后，要给学生预留自主学习的时空，让他们有机会组织各种社团活动，参加社会实践和力所能及的劳动，在各类课程和活动中坚定信念，厚植情怀，增长见识，提升本领，学会自我管理，做能担负时代重任的新人。

持续推进选人、用人机制改革

　　教育中的诸多问题，往往有更深层次的社会根源。学生的择校问题、校外培训机构火爆问题、教师的有偿补课问题等，从表面上看，透露出的是家长的各种焦虑心态和功利心理，但如果想一想事业单位、国有企业等的选人、用人机制，就可以理解家长为什么愿意如此不计代价地为孩子投资了。

　　在选人方面，当下比较突出的倾向有两个。一是唯名校。很多用人单位和学校之间的供需信息存在巨大的鸿沟。用人单位很难在短时间内对求职者各方面的情况做全面了解，考虑到名校的毕业生整体素质相对会高出一筹，在制定选人标准的时候名校就成了重要指标。一些用人单位不仅要看求职者的最终毕业学校，还要追溯到他的中学阶段毕业学校，把唯名校的选拔一步步推向极致。二是唯学历。一些机关和事业单位任意抬高用人的学历门槛，甚至将其作为人才队伍建设的成绩来炫耀，原本本科毕业生甚至专科毕业生就能胜任的工作，非要招收硕士、博士来做，既造成了人才的高消费和教育资源的浪费，也导致"文凭主义""过度教育"等现象的盛行。"唯名校""唯学历"这种既简单又极端的选拔方式被越来越多的用人单位采用，不可避免地会引导学生在每个学习阶段都要上名校，争取好的考试成绩，使得各方都将目光聚焦在考试科目上，"五育并举"的要求得不到有效落实，基础教育阶段的竞争越来越激烈。

在用人方面，也有很多值得关注的问题。就拿教育系统来说，比较突出的，一是人岗不匹配。一些地区选人、用人权不在教育系统，而是其他部门统一招聘后分配给各所学校，经常出现的情况是学校缺一个语文教师，但分配来的却是一个化学教师，造成人岗不匹配，影响教育教学工作。二是缺乏有效激励。设置好的岗位、固定下来的职称比例，要想有所突破基本上不太可能。因为没有名额，那些努力工作的教师往往得不到晋升的激励。虽然有绩效奖励，但在具体实施过程中，人均发放的部分往往占大头，只留下一小部分用来拉开差距，这往往会挫伤那些骨干教师的工作积极性。三是户籍和编制受限。学校想引进优秀教师，但往往出于不符合落户政策、没有编制等原因而不得不放弃。四是缺乏有效的淘汰机制。那些被实践证明无法胜任教育教学工作的人，学校很难将其送出校门。这些人带来的负面效应很大，但学校却找不到处置的良方。

要培养德智体美劳全面发展的社会主义建设者和接班人，就必须通过持续推进选人、用人制度改革，营造良好的人才选聘、培养使用和健康成长的环境。《深化新时代教育评价改革总体方案》为用人评价改革指明了方向，接下来关键是细化和落地。

一是要坚持正确的选人导向。充分利用大数据，为每位求职者提供更加精细的职业素养、学习潜能、个性特长、品德修养等方面的画像，让用人单位尽可能详细地了解应聘者的多元信息，从而扭转唯名校、唯学历的选人导向，建立以品德和能力为导向、以岗位需求为目标的人才选用机制，改变人才"高消费"状况，形成不拘一格降人才的良好局面。这需要政府引导，选人、用人双方共同施力，让每个人都能各尽所能，各得其所，都有出彩的机会，从而促使学校教育改变现有的重智育轻德育、重分数轻素质等问题，促进学生身心健康、全面地发展。

二是要深化劳动力要素市场化配置体制、机制改革。要深化户籍制度改革，畅通落户渠道。在人口流动常态化的今天，试行以经常居住地登记户口制度，建立城镇教育、就业创业、医疗卫生等基本公共服务与常住人口挂钩机制，推动公共资源按常住人口规模配置。要完善技术技能评价制度，畅通职称评审渠道。改变每年设定晋级指标的传统做法，真正以专业技能的标准来衡量人才，给优秀人才创造脱颖而出的契机。在用人方面，不将毕业院校、学习经历、学习方式作为限制性条件，促进人岗匹配。坚持以岗定薪、按劳取酬、优劳优酬，建立重实绩、重贡献的激励机制，给那些能干事、肯干事、干成事的人才搭建更宽广的平台，同时引导学生树立正确的价值观。

三是要完善评价标准，科学、客观、公正地评价专业技术人才。着重解决评价标准简单量化、一刀切等问题，坚持把品德放在首位，不唯学历看能力，不数年头论业绩，改变片面将论文、专利、资金数量作为人才评价标准的做法，不用一把尺子量到底。

选人用人是一个系统工程，一系列与《深化新时代教育评价改革总体方案》配套的文件正陆续出台。相信国家通过系统性的评价改革，能在全社会形成人才培养的共识，助力教育强国和人才强国的建设工作。

第五课

聚焦核心素养

素养与核心素养

近几年来，学生核心素养培育成了深化教育改革、落实立德树人根本任务的重要抓手。中国学生发展核心素养框架体系的推出，以及基于核心素养培育的课程标准的修订和课堂教学的实施，在教育领域掀起了课程教学改革的新热潮。在这样的背景下，无论是教师还是家长，最需要搞清楚的，就是有关素养、核心素养的基本特征，以避免出现过往课程教学改革中"拉到篮子里都是菜"的举动。

有关素养、核心素养，到现在还没有一个被大家普遍认可的准确定义，但它们的本质特点还是显而易见的。

素养，指的是个体为了发展成为一个健全的人，必须适应生活环境的需求而学习的不可欠缺的知识、能力和态度。

对一个学习者来说，最为基础的素养，就是听、说、读、写。这看上去似乎很简单，但其实并不容易获得。就拿听来说，首先，你要学会聆听，懂得尊重发言者；其次，你要听清楚对方发出的语音；最后，你要理解这些语音背后蕴含的丰富意义……说也是如此，把一件事情有条不紊地说清楚，不让对方产生误解，是需要下功夫反复操练的。如果你在学习中遇到的是比较独断的教师，平时不给你说的机会，不让你持续不懈地进行说的训练，等到需要你表达的时候，你就会冒出一头汗。这样的经历是否很多人都体验过？

在日常生活中，素养体现为对社会基本公德和行为规范的遵守。上海人都知道城市生活的"七不"规范，这是1995年上海市文明委倡导的，包括"不随地吐痰，不乱扔垃圾，不损坏公物，不破坏绿化，不乱穿马路，不在公共场所吸烟，不说粗话脏话"。在全体市民持之以恒的努力下，自觉遵守"七不"规范逐渐成了上海市民的基本素质，成了大家的生活习惯。2017年，新的"七不"规范出台，包括"马路不乱穿，车辆不乱停，垃圾不乱扔，宠物不扰邻，餐食不浪费，言语不喧哗，守序不插队"。它体现了上海市对市民素养的要求与时俱进的特点，也是社会文明的标志。同样，在工作中，诚实、忠诚、谦虚、好学、善于沟通、合作、务实、勤奋、责任等，都是职场人应该具备的基本素养。

学者蔡清田认为，素养有两个本质的特征：第一，素养是后天习得的，既可以教，又可以学；第二，经过学习转化而成的素养，有一部分是显性的，可以观察、可以测量，还有一大部分则是默会的，就如"冰山模型"水下的部分。上述有关学习者的基本素养、上海市民的基本素养等，都可以印证这一说法。

核心素养显然不同于素养。世界经合组织对核心素养的界定是，使个人在21世纪能够成功生活、能够适应促进社会进步的为数不多的关键素养。

核心素养显然是人的素养中最为重要、最为核心的少数素养。"为数不多的关键素养"告诉我们，核心素养的培育是建立在素养养成的基础之上的，没有全面的基础素养作为支撑，核心素养的培育就成了无本之木、无源之水。当下课程标准的修订，关注比较多的是核心素养如何在课程教学中有效落实，这可能会给教育工作者带来误解，使其将所有注意力都聚焦在学科核心素养上。殊不知，学科基础素养的夯实更为重要。有了这个扎实的地基，核心素养要立起来就容易多了。

"在21世纪能够成功生活、能够促进社会进步"告诉我们，对核心素养的人力资本投资，一是有助于个体发展潜能，帮助个体融入学习、社会工作、日常生活等各个领域，获得全面成长；二是有助于社会发展，可以产生社会和经济效益，更可以产生终身学习等关键价值。2016年9

月,《中国学生发展核心素养》正式发布,分为文化基础、自主发展、社会参与三个方面,确立了人文底蕴、科学精神、学会学习、健康生活、责任担当、实践创新六大素养。

从"三维目标"到核心素养,意味着我们的教育理念从学科本位转向以人为本,这一转型也是本次课程教学改革的核心所在。教育是一个人的价值不断地被发现、不断地被认识的过程,所有学科教师,都不应该只是教书,还应该借助学科教学来育人。"三维目标"虽然关注到了情感、态度、价值观领域,但依然缺乏对教育的内在性、人本性、整体性和终极性的关注,缺乏对人的发展内涵的清晰描述和科学界定。素养和核心素养,强调以培养全面发展的人为核心,这正是教育的根本。

核心素养的特征

核心素养的提出，是时代发展的必然。

夸美纽斯提出的"把一切事物教给一切人类"的育人观，相信很多人都深以为然。在相当长的一段时间里，知识积累的速度比较缓慢。人在一生中，知识的总量和结构不会发生明显的变化，这非常有利于学校开展教育教学活动，可以用稳定的方法将稳定的知识传递给下一代，由此确立了"知识本位"的教育观。尽管学校教育一直不断改进和完善，但用更为恰当的方式、更加便捷地向学生传递知识这一信念几乎没有发生过变化。

然而，当我们推开 21 世纪大门的时候，突然发现知识更新的速度和方式出现了前所未有的变化，知识数量的急剧增加、更新速度的日新月异、知识结构的不断分化和重构，对人们笃信的"知识本位"的教育观产生了极大的冲击。世界各国意识到，如果依然坚守"知识本位"的教育观，不仅不能发挥教育引领社会发展的作用，还会阻碍社会、科技和经济等领域的发展。只有找到人的发展的核心素养体系，才能解决好有限与无限的矛盾；只有找到对学生终身发展有益的 DNA，才能在给学生打下坚实知识技能基础的同时，又为他们未来的发展预留足够的时空。

在世纪之交启动的第八次基础教育课程改革，就是顺应时代发展的需求而做出的积极改变。此轮改革有一个非常明显的标志，就是课程教学从注重"双基"转向关注"三维目标"，在强调基础知识、基本技能的同时，关注学生的学习过程和学习经历，关注学生的学习体验和情感变化，让学生养成良好的学习态度，提升学习能力，成为德智体美劳全面发展的社会主义建设者和接班人。多年的课程改革和实践探索，取得了一定的成绩，但最根本的问题，即人们的教育观念，依然停留在知识本位上，人们依然不能适应社会发展的需求。世界各国也都意识到了这一问题，先后提出"核心素养"这一新的教育理念，并着力探索落实核心素养培育的方式和途径，来顺应时代的发展。

核心素养具有以下几个方面的特征。

第一，它不是简单地对"三维目标"中某一维度目标所做的进一步提炼和概括，与"三维目标"没有一一对应的关系。核心素养本身就具有整合的特点，每个核心素养均涵盖了知识、能力以及态度等多个维度和领域。

第二，核心素养同时具备促进个人发展与社会发展这两大功能。一个拥有核心素养的人，更容易在不断成长中获得优质的生活与幸福的人生。对社会来说，核心素养有助于促成社会经济繁荣、世界和平、生态持续发展等人类理想愿景的实现。

第三，核心素养具有超越学科、超越学段的特点。核心素养具有以跨学科的大概念和重要的新兴议题来统整个人学习的特征，还具有跨越不同社会场域边界，协助个人有效参与学校、劳动市场、社会团体以及家庭生活等的特点。

第四，核心素养关注高阶思维能力的培育。就拿认知目标来说，布鲁姆的认知目标分类，由低到高分为识记、理解、应用、分析、综合、评价六个维度，其中前三个维度对应低阶思维能力，后三个维度对应高阶思维能力。另外，像自主自觉的行动、错综复杂的沟通交流等，都是心智复杂性的展现。现在课堂教学的最大问题，就是在低阶思维的训练方面花费了太多的时间，而对高阶思维能力的培养，无论是氛围的营造还是时间的安排，都远远不够。

第五，核心素养的培育是一个一以贯之的过程，是终身的学习历程。

要让核心素养真正能够促进学生终身发展，就需要构建终身培育的制度体系，建立一以贯之的培养目标，明确每个阶段的培育重点和任务，有计划、有组织地加以实施。忌讳的是家庭教育、学校教育和社会教育各行其是，不同学段"大路朝天，各走一边"。任何对核心素养的肢解和扭曲，落实到行动中都会带来负面效应。

加强关键能力的培养

　　"关键能力"一词首次被提出，是在 1974 年。德国职业教育专家梅腾斯发表了题为《关键能力——现代社会的教育使命》的论文。他认为，关键能力是与一定的专业实际技能不直接相关的知识、能力和技能，是在各种不同场合和职责情况下做出判断、选择的能力，也是胜任人生中各种不可预见变化的能力。此后，"关键能力"这一提法逐渐被各方认同。

　　重视和加强对学生关键能力的培养，是当前世界各国共同关注的话题。1992 年，澳大利亚费恩委员会从未来所需人才的角度出发，提出了七种关键能力的素养框架，要求青年具备搜集、分析和组织信息的能力，交流意图和信息的能力，规划与组织活动的能力，与他人和团队合作的能力，使用数学理念和技巧的能力，解决问题的能力，使用技术的能力。1996 年，联合国教科文组织在《学习：内在的财富》一书中对关键能力做出解释，提出学会求知、学会做事、学会共同生活、学会做人四大支柱。2005 年，经济合作与发展组织提出，促进终身学习的关键能力有三个，分别为互动工具、异质性团体互动、自主行动。最近十多年间，世界各国和国际组织在人才培养上纷纷聚焦关键能力，不仅在学理层面做了多方探究，在实践层面也全力推进，努力抢占人才队伍建设的制高点。

　　能力是直接影响活动效率并使活动顺利完成的个性心理特征。人的能力总是通过他的行动、他所做的事情体现出来的。一个人非常熟悉交通规则，充分学习了驾驶的基本理论，对车辆的构造也很了解，并不意味着他就具备驾驶车辆的能力。只有通过观察他能否熟练地开车上路，能否在不同的道路上平安驾驶，能否应对各种复杂的路况，才能做出判断。同样，如果你想发展学生的合作能力，就必须给他创设团队合作的实践场景；如果你想知道学生是否具备采集和分析数据的能力，也需要让其承担相应任务。人总是通过一次次行动，在做事的过程中学会承担责任、展现自己能力水平的。做任何一件事情，完成任何一项活动，都需要相应的能力支撑。

关键能力是人的各种能力中，具有普适性、有助于人们在未来社会中更好地生存的为数不多的核心能力。它具有以下几个方面的特点。

第一，关键能力是人在这个社会生存和生活必须具备的。比如说，具有良好的阅读习惯，善于在繁杂的信息中提炼出自己需要的关键信息，具备文化判断力等。第二，关键能力总是与实践紧密相连。人们通过实践习得某种能力，这种能力反过来会促进实践有效开展，这是一个良性互动的过程。正如怀特海反复强调的，那些仅仅被大脑接收却没有经过实践或验证，或没有与其他东西融会贯通的知识，不仅没有什么意义，往往还有害，因为这样的学习不能促进学生能力的形成，更别谈关键能力的培养了。第三，关键能力是超越学习载体的。关键能力的培养，离不开基本知识和技能，需要经历学习和实践的过程，也需要良好的学习态度。而由此形成的关键能力又是超越学习载体的，与知识技能、学习经历、情感态度没有一一对应的关系，体现的是人的综合能力水平。《秒懂力》作者之一唐文，在主题阅读的过程中，总结出在较短时间内把握某一主题核心框架和主要信息的方法。先通过权威的百科全书对所要研究的主题有概要的了解，再通过时间轴纵向勾勒该领域的重大节点，通过时段的大截面横向全景式地了解该领域的主要流派和演变趋势，由此快速确立该主题的立体架构，明了其发展的关键，把握要点。这样的关键能力就具有超越学习载体的、综合性的特点。第四，关键能力是面向未来的。一个巨变的世界带给我们的是不可预测的未来，要在这样的世界里生存，有一些能力就显得特别重要。比如终身学习的能力、文化适应能力、信息搜集和处理的能力、创新能力、辨别真伪的能力，等等。

关键能力的形成不可能一蹴而就，而是一个循序渐进的过程。要着力构建从幼儿园到大学相互链接、联动发展的关键能力培养体系，细化任务，明确路径，有目的、有计划、有步骤地培养关键能力。通过不断提升学生的能力水平，为国家培养更多的栋梁。

认知能力是发展的基础

《关于深化教育体制机制改革的意见》明确提出，要培养学生的四种关键能力，即认知能力、合作能力、创新能力和职业能力。这四种能力，具有内在的逻辑关系。认知能力是学生发展的基础，合作能力是发展的根本，创新能力是发展的灵魂，职业能力则是适应社会的保障。

从认知心理学的角度看，认知能力指的是人脑加工、储存和提取信息的能力，是人们成功地完成活动重要的心理条件。对某一事物的观察和研究，有的人注重整体，有的人关注细节；有的人记忆深刻，有的人前看后忘；有的人就事论事，有的人借题发挥……这些都是人的认知能力的体现。

认知能力可分为基础认知能力和高级认知能力两类。一个18位数字的身份证号码，有的人很快就能记在脑海中，有的人要复述好多遍才能记住。这些与反应速度、记忆广度等相关的认知能力，就属于基础认知能力。

《关于深化教育体制机制改革的意见》对认知能力有具体的描述："培养认知能力，引导学生具备独立思考、逻辑推理、信息加工、学会学习、语言表达和文字写作的素养，养成终身学习的意识和能力。"这包含三个方面的高级认知能力——思维能力、交流能力和自主发展能力。

思维能力包括独立思考、逻辑推理、信息加工等。很多人平时习惯于用脑好好背而不是用脑好好想，遇到困难时第一反应是向他人寻求帮助，"怎么办""如何做"是他们的口头禅。针对依赖性强、缺少胆识的学生群体，提出独立思考这一建议很有针对性。逻辑推理强调以敏锐的思考、快捷的反应迅速地掌握问题的核心，在最短时间内做出合理、正确的选择。这要求学生关注事物之间的联系，仔细辨别不同事物之间的异同，养成从多角度认识事物的习惯。信息加工强调对信息的搜集、筛选、分类、排序、分析与研究，发掘信息的价值，为我们的学习和工作服务。在信息爆炸的当下，如果你不具备信息加工和处理的能力，很快就会被淹没在信息的浩瀚海洋中。

交流能力不外乎两个方面：一是正确理解他人传递的信息的能力，二是设法让他人正确理解自己表达的思想的能力。其具体的落脚点就是语言表达和文字写作。互动交流通常由三个步骤组成。第一步是感情沟通，在说出你的真实意图之前，要通过恰当沟通，让对方在感情上接纳你，或对你持中立态度，而不是产生抵触情绪。第二步是逻辑清晰，用准确、精练的语言，没有歧义地表达自己的意图，让对方理解你讲话的重点，并使这些重点直达对方的内心。第三步是阐述利益，告诉对方你说的事情与他有明确的利益关系，有采取行动的必要。当然，这只是最基本的环节，要提高交流能力，从说的方面看，要特别注重设计开场白，罗列问题清单，把握认知规律，还要学会讲故事；从听的方面看，要善于倾听，注意言外之意，真正做到放开心胸，公正无私，凭借字面意思破解隐藏信息，据此做出反应。

学会学习、终身学习本质上就是自主发展能力。从内在的动力机制看，学会学习的核心是"我要学"，有了强烈的学习意愿，就会主动探求学习的技巧和方法，不断扩展学习的领域和疆界，并将所学知识融会贯通，形成自己对世界的认识和看法。这个世界变化很快，在学校中学习的知识在职业生涯中是远远不够用的，要"活到老，学到老"，养成自主学习、有效学习、终身学习的习惯，这样才能跟上这巨变世界的节奏。而学会学习则是终身学习的基础。

作为一种关键能力，认知能力在学生发展核心素养的框架体系中具有重要地位，是促进学生德智体美劳全面发展的基础。《关于深化教育体制机制改革的意见》进一步明确认知能力的内涵，有助于学校和教师在具体实践中明确培养方向，细化实施路径，切实提升学生的认知水平。

从上述分析中也不难发现，尽管认知能力是学生关键能力的基础，但在日常的教育教学实践中，学校对思维能力、交流能力、自主发展能力的关注和有意识的培养还是远远不够的，关注短期利益、忽视学生长远发展、注重可量化的指标、轻视习惯和能力养成等现象还很普遍。切实转变教育观念，落实相关精神，将思想和行动统一到教育方针上来，仍是一项迫切的工作任务。

学会合作

如果仔细思考当下的处境，你就会发现合作的重要意义。我们的衣食住行，无论哪样都需要别人的帮助和支持，自给自足的生活方式一去不复返了。在学校里学习知识，也是几个老师组成的团队来共同传授，一个学生要想学得好，离不开老师和同学的协助。在工作和科研领域，一个人更是团队里的一分子，集体的成就是每个成员贡献智慧的结果，成员个体也因为团队而产生价值。

在洪水泛滥的河面上，有时会发现巨大的蚂蚁球，那是无数只蚂蚁相互拥抱在一起而形成的球体，有的甚至有篮球那样大。蚂蚁将蚁巢建筑在河道边，当洪水来袭，淹没它们的家园时，它们就会采取这样的方式寻找新的生机。大雁飞行的过程中，排列成有规则的 V 字形。这可以帮助大雁节省体力，更有效地增加其飞行的距离。《众人划桨开大船》这首歌的歌词为："一支竹篙吔，难渡汪洋海；众人划桨哟，开动大帆船。""一根筷子吔，轻轻被折断；十双筷子哟，牢牢抱成团。"从中我们可以看到合作的重要性。

一个人不论是成长、学习、工作，还是生活，都必须学会和别人合作。也正是因为如此，《关于深化教育体制机制改革的意见》中，明确提出合作能力是需要着重培养的四个关键能力之一。

合作能力，简单地说就是愿意和别人一起完成一件事，能与人分享成功果实的能力。具体包含以下几个方面。

一是稳妥、有效地建立合作关系。很多事情都不是一个人独自可以完成的，因此在做某件事之前，必须寻求合作伙伴，建立合作团队。首先，你要知道自己能够做什么，有哪些事情是自己无法完成的，周围的同学、同事、朋友或者亲人中，谁在这方面有特长，可以帮助你处理好这件事情。其次，你要以诚挚的态度去邀请他们，让他们自觉自愿地加入进来，组建合作团队。真正的团队合作是以别人心甘情愿与你合作为基础的，所以，在组建合作团队的过程中，你表现出来的对他人的欣赏、尊重、信任与平等，以及你渴求合作的真诚态度，是维系合作关系的关键所在。一个很强势的人，一个总喜欢对别人发号施令的人，是很难组建起一个稳定团队的。

二是共同协商合作目标。合作要实现的目标或愿景是什么，这是每个团队成员都要非常明确的。目标最好唯一，完成了这一任务之后，再去组建新的团队做另外一件事情。目标太多，会模糊团队的使命，让成员们不知道自己该为团队贡献什么。团队需要有明确的工作标准。这就像一把尺子，可以让大家自行检验所做的工作是否合乎规范，是否达到基本要求。团队还需要对每个成员的工作职责进行分工，明确各自应承担的责任。需要注意的是，这样的分工应建立在每个成员自身特点的基础上，而且需要大家坐在一起协商，并不是每个人平均施力效果就好。如果用 x、y 代表合作的双方，用 $x+y=1$ 来表示相互之间的合作关系，或许在某项任务中，$x=0.2$，$y=0.8$ 就是最好的施力方式；而在另一项任务中，$x=0.7$，$y=0.3$ 则是最好的施力方式。

三是共同执行合作计划。从开始做这件事情到最后完成任务，需要团队成员共同梳理工作的先后顺序，这有点儿像我们做应用题时的解题步骤或者做实验时的操作流程，让大家都清楚先做什么后做什么，在某个节点上大家分别做什么。在推进的过程中，还需要互相合作，开发相应的资源，或者寻找帮助，来保障事情能够按照既定的路线图推进下去。将最重要的事情交给最适合的人去做，有助于合作计划的顺利推进。

四是调整和改进合作关系。计划好的事情并不是都能够按照预期的设想进行下去，磕磕绊绊甚至工作推进不下去的情况也是经常存在的。为此每一个团队成员，都应该具备三种意识。首先是随时报告工作进程的意识，让大家相互了解工作进展，及时发现问题；其次是反思和评估问题的意识，通过自我反思，逐渐聚焦问题的关键；再次是善于妥协、勇于接受工作调整的意识，把整个团队的工作目标放在首位，而不是反复强调自己的重要性，不肯在合作中做出一点儿让步。

五是共同总结和分享合作成果。做事情的过程很辛苦，做完之后不能马上画句号。要养成和团队成员坐在一起共同总结合作经验、反思利害得失、分享合作欢乐的习惯，这会让你在后续其他项目的合作中百尺竿头，更进一步。

"培养合作能力，引导学生学会自我管理，学会与他人合作，学会过集体生活，学会处理好个人与社会的关系，遵守、履行道德准则和行为规范。"合作能力的培养，是一个润物细无声的过程，应该从幼儿时期就着力抓起，而且进行系统性、有针对性的设计与实施。

浅谈创新能力的培养

纵观世界发展史，人类的所有文明成果，都是创新思维的果实，都是创新智慧的结晶。创新对一个民族、一个国家发展的重要性是不言而喻的。要让创新在全社会蔚然成风，则需要加强对人的创新能力的培养，尤其是对基础教育阶段学生的创新能力的培养。

《关于深化教育体制机制改革的意见》明确提出，要通过"激发学生好奇心、想象力和创新思维，养成创新人格，鼓励学生勇于探索、大胆尝试、创新创造"来培养学生的创新能力。这具有很强的实践操作性，为创新能力的培养指明了方向。

"我没有特别的天才，只有强烈的好奇心。永远保持好奇心的人是永远进步的人。"爱因斯坦的这句话是对好奇心最好的诠释。好奇心是一种喜欢探究新奇事物的心理状态，是驱动人成长的基本动力之一。根据达尔文的理论，一般灵长类动物有三种驱动力——食物、性和居住地，而人类多了一种驱动力，这就是好奇心。我们常说的兴趣、激情、梦想等，都是从好奇心这里生长出来的枝丫。

从历史发展的长河来看，古希腊和文艺复兴时期，是西方很多领域飞速发展的时期，这两个时期非常重要的一点就是对好奇心的尊重。而在漫长的中世纪，好奇心被看作贪婪，整个社会的发展陷入迟缓甚至停顿的状态，与此可能是有直接关联的。社会的发展如此，一个人的成长也是如此。信息技术引发的巨变，使我们更加深刻地认识到，无论是对我们自身的认知，还是对宇宙的了解，都仅仅掀开了科学帷幕的一角，我们尚没有登堂入室真正走进科学的恢宏殿堂，需要始终保持对这个世界的好奇，努力去揭开覆盖在其上的神秘面纱。

爱因斯坦说过，想象力比知识更重要，因为知识是有限的，而想象力概括着世界的一切，推动着进步，并且是知识进化的源泉。严格地说，想象力是科学研究中的实在因素。简单地说，想象力就是在已有形象的基础上创建新形象、在已有概念之间建立联系和创建新意义的能力。在课堂上学习的那些概念和规律，通常是零碎的、点状的，相互之间存在很多不确定的、模糊的地带。正是通过丰富的想象力，我们才能够填补知识的空白，创建属于自己的心理地图，从不确定的、模糊的状况中提取关键信息，明确其意义，在增强概念、规律的相互联系的过程中强化对知识的记忆。

有以下几个方面的想象力是我们平时经常用到并且要着力加以呵护的。一是将不同的概念、规律联系在一起，促进新想法的生成；二是根据已有的信息提出合理假设和猜想，并设计验证假设的方案；三是用故事、艺术表现等方式来表达一件事情，帮助人们理解；四是在移情中体验别人在活动中体验到的东西；五是对一件事情做出战略思考，并进行阶段性的评估和反馈调整；六是通过对记忆过程的反思和研究，促进记忆的强化和重建。

通常我们把用新颖、独特的方法解决问题的思维称为创新思维。它有以下一些本质特征。

一是注重事物之间的联结，通过将看上去似乎不相干的事物联系在一起来达到出人意料的效果。二是不拘泥于常规，不轻信权威，以怀疑和批判的态度对待研究的事物和现象。三是思维通常不是收敛的，具有发散性、开放性，尽可能接受更加多元的信息。四是逆向思维，从相反的方向寻找解决问题的最优方案和途径。欧几里得几何学的第五公理，自提出以来一直让人感到别扭，很多人都想给予严格的证明，但两千多年来都没有成功。一直到 1826 年，俄罗斯数学家罗巴切夫斯基通过完全相反的思维，说明第五公理不可证明，并由此出发建立起了非欧几何，才真正解放了人们的思想，使人们对空间的认识产生了革命性的飞跃。五是把对事物各个侧面、部分和属性的本质认识统整起来，通过综合的、整体的观点来认识事物。

要激发学生的好奇心、想象力和创新思维来培养创新能力，在具体的教育教学实践中需要做到以下几点。

一是引导学生广泛积累，夯实知识基础。两个人聊天时，如果一个人对话题涉及的事物没有概念，根本就聊不起来。好奇心、想象力也是如此，它们是建立在有一定的知识积累但又不是全知道的基础上的。二是始终保持对新鲜事物的开放态度。只有开放，才有更强烈的好奇心；只有开放，才有更加丰富的想象力；只有开放，才能突破各种禁锢，在创新思维中解决问题。三是始终以积极的、好奇的态度来看待事物。很多时候，有意思比有意义让人在活动中收获更多。

注重职业能力的培养

　　基础教育阶段的学生目前普遍存在的一大问题，就是对社会上的职业了解不多，甚至缺少基本的认知。填报高考志愿时，学生很少依据自己的兴趣、特长与大学设置专业的匹配程度来选择学校和专业，主要参考的就是自己的考试成绩和历年来各大学的录取分数线。等到完成大学学业要择业的时候，很多学生才开始思考什么职业适合自己。一些学生到了大学时才发现所选的专业与自己的兴趣、爱好不匹配，择业时又因为盲目跟风而导致职业发展上的诸多不如意。

　　之所以出现这样的状况，是因为当下的基础教育比较缺乏对学生职业能力的培养。职业体验教育和职业生涯规划，对学生来说还是新鲜事，目前没有统一的课程。新课程倡导的综合实践课程学习领域有这方面的要求，但学校在具体实施的过程中，落到实处的不多。

　　像德国、加拿大、美国、芬兰、日本等发达国家，非常注重学生的职业启蒙教育和职业能力培养，不少国家甚至将其延伸到幼儿园的教育中。每个国家都有各自不同的特点和做法，总的来说这些做法可以分为三大类。一是让孩子们到真实的机构、企业或工作场景，去了解职业的特点。比如作为职业启蒙教育理念发源地的德国，他们的幼儿园在三年四千多个小时的课程中，主要的任务就是培养孩子的生活自理能力，让孩子初步认知社会。比如，参观警察局，了解警察做什么，学习如何报警，学习如何处理遇到坏人的情形；学习坐车，记回家的路线；到市场买东西，学习如何挑选、认识商品，感知金钱数量和交换形式。在美国，每年四月的第四个星期四是"带孩子上班日"，这一天，6—16岁的孩子要跟随爸妈上一天班，在感受父母工作氛围的同时，也了解不同的职业。二是请不同职业的从业者代表到学校来，给孩子介绍各自职业的特点，介绍他们都在做些什么、工作的价值和意义是什么。三是通过模拟的方式让孩子去体验不同职业的工作性质。比如，芬兰的"Me & My City"（我和我的城市）项目，在面积约500平方米的区域内建起一个微型商业系统，内有15—20家企业和公共服务平台（银行、邮政等），涉及70多种职业。这些机构和企业都是真实存在的，只不过是微缩版的。孩子在职业体验的过程中可以充分感受到现实的残酷和生存的不易，知道这并不是一场单纯的游戏。

美国社会学家安德鲁·阿伯特指出，职业支配着我们的整个世界。它们治愈我们的身体，衡量我们的收益，拯救我们的灵魂。英国的一项心理学研究报告也显示：6—15岁是孩子职业启蒙的黄金期。因此，必须在基础教育阶段加强职业启蒙教育，培养学生的职业能力。学生职业能力的培养大体可以分为以下三个阶段。

首先是职业启蒙阶段，大体与幼儿园和小学阶段相对应。该阶段主要是让孩子了解不同职业的性质和特点，激发孩子探索丰富多彩的职业世界。举个例子来说，很多孩子在三四岁的时候就会背诵唐代诗人李绅的《悯农》，但他们对"锄禾日当午"不会有多少真切的感受。学校可以让孩子们熟悉各种农产品，包括粮食和蔬菜等；熟悉各种农具，了解其功能；知道农作物生长是需要借助大自然的力量的。当孩子们明白做农民不是一件简单的事，需要具有过硬的专业技能，会耕种技术，会使用农具，还要掌握温度、湿度、日照时长、天气变化等对农作物的影响时，他们对这个职业的认识就更深了。

其次是职业认知阶段，大体与小学和初中阶段相对应。国际劳工组织制定的国际标准职业分类将职业分成8大类、83小类、284细类以及1506个职业项目。而我国则将职业归为8大类、66中类、413小类，共

1838 个职业。学生只有对这些职业的分类和特点有较为全面的认知，才能够更加明白某一职业的价值和使命所在，在进行职业选择的时候，目标才会更加明确，选择也会更有针对性。

再次是职业规划阶段，大体与中学阶段相对应。职业规划是对职业生涯乃至人生进行持续的系统计划的过程，通常包含职业定位、目标设定和通道设计三个要素。随着新高考改革的深入推进，为了满足学生在高校招生的环节有更多选择的需求，上海市各普通高中纷纷探索实践职业生涯规划教育，一些学校已经探索出了较为成熟的生涯教育课程体系，很好地发挥了引领、示范的作用。

《关于深化教育体制机制改革的意见》中明确要求"培养职业能力，引导学生适应社会需求，树立爱岗敬业、精益求精的职业精神，践行知行合一，积极动手实践和解决实际问题"。而职业启蒙、职业认知、职业规划，既是职业能力培养的核心，也是学生人生成长道路上三个不可或缺的阶段和环节，需要加强实践并在教育教学过程中加以规范。

锻造必备品格

品格，是人的道德素质的核心，决定了一个人回应人生处境的模式。品格多指向正面的人格，如怜悯、饶恕、谦卑、无私、和平、良善、温柔等。核心素养之所以特别突出必备品格和关键能力，是因为能力的提升离不开品格的涵养，品格的锻造也需要能力的支撑。必备品格与关键能力恰似"人"字的一撇一捺，能让培养德智体美劳全面发展的社会主义建设者和接班人这一育人目标得到有效落实。

在《品格之路》的作者布鲁克斯看来，每个人的内心里都住着两个小人，一个叫"亚当一号"，一个叫"亚当二号"。亚当一号渴望成功，想要出名，想要赚钱，想要听到人们的表扬，遵从的是实用主义逻辑：有投入，就有产出；下了功夫，就必然有回报；不断练习，就会熟练掌握；追求私利和效用最大化。亚当二号则很谦卑，对名利的兴趣不大，愿意帮助别人，愿意服从真理，愿意付出爱和友谊，遵从的是道德逻辑：要加强内心的精神世界，必先向外部世界做出某种妥协；要使自己渴盼的事情得以实现，必先战胜自己的欲望。

如果你只听亚当一号的话，或许会成功，但是你无法了解生活的意义。只有听了亚当二号的话，你才会锤炼自己的道德内核，培养自己的智慧。

1948—1954 年，几名心理学家对一万多名青少年进行了调查，询问他们是否认为自己非常重要。当时，有 12% 的人给出了肯定的回答。而在 2003 年做的同样内容的调查中，认为自己十分重要的人的比例，男性达到 80%，女性为 77%。除了自恋程度明显上升之外，人们对名声的渴望程度也显著增强了。1976 年，有一项调查要求人们列出自己的人生目标，结果，在全部 16 项目标中，名声排在第 15 位。而到了 2007 年，有 51% 的年轻人声称，显赫的名声是他们最想追求的个人目标之一。这样的数据告诉我们，伴随物质生活的日益丰富和文化的多元与繁荣，人的人生观、价值观和世界观也在逐渐发生改变。首先，人变得更关注物质利益。其次，人的道德能力在不断弱化，在努力追求物质利益的过程中，人们慢慢失去了人生的方向。

现实环境已经如此，未来的社会变化更加剧烈。这让各方充分意识到，必须着力锻造青少年的必备品格，以便他们在未来纷繁多变的世界里能够行稳致远。

锻造必备品格之路始于谦逊，始于人对自身缺点有深刻和理性的认识。在平常的日子里，人们往往会处于自我欺骗、自我掌控的幻觉中，认为自己了不起，能够做出与众不同的事业来。只有面对危机或严峻考验时，人们才会对自己的本性有更清晰的认识。所以，从道德层面来看，必备品格的锻造之路通常包含危机阶段、对抗阶段和恢复阶段。面对危机时，人们如果能将自己放在一个很低的位置上，置于谦虚、低调的谷底，就会心平气和。一旦心平气和了，就能看到周围的世界，就能理解周围的人，就会愿意同自己的缺点展开对抗和斗争。对抗的结果，常常就是打败自身的缺点而形成高尚的品格。

锻造必备品格贵在坚持。品格的养成重在实践，而且要持之以恒地加以践行。一个个良好习惯养成的过程，就是锻造自身品格的过程。

要重视价值判断

人们在待人处事的过程中，总是不断地在进行判断和选择。从出门前依据天气情况选择穿什么衣服到遇到不同的人采取什么样的态度，从就餐时吃什么到哪些事情优先处置，都是判断和选择的结果。

判断可分为事实判断和价值判断。事实判断是一种描述性的判断，是关于描述的对象是什么的判断，是客观存在的，不以人的意志为转移的。比如珠穆朗玛峰的高度、地球同步卫星的轨道半径、地球的自转方向，等等。价值判断则是一种主观性的判断，是人们将自己的价值观或判断准则依附在相应的客观事物上而形成的判断。某个小伙儿身高185厘米，这是一个事实判断。不少女性看到他，会产生"他好高啊"的判断，而在篮球教练的眼中，他可一点儿也不高。这是因为那些女性和篮球教练选定的参照物不一样，他们做出的判断都是价值判断。

教师在备课和上课的过程中，因为有教学任务、教学进度等的要求，在很多时候比较关注事实判断，即让学生明白各种各样的客观存在的事实，以及怎样用科学实验和观察等方法来检验这些事实的客观性，而对价值判断则往往关注不够。比如，在选择教学内容时，比较多地关注课程标准和教材呈现的知识，常把没有遗漏知识点作为价值判断。问题是现在的学科知识在指数式增长，新知识一个人穷尽一辈子的时间都不可能学完。对一个人来说，最有价值的知识是那些具有结构性，或者有助于建立联系的知识，这些知识才应该是选择教学内容时要特别关注的。

在教育实践中，事实判断和价值判断都是需要的，事实判断常常以对错为标准，是对真理的追求。而价值判断常常是对某一事物重要或不重要的程度做出估计和评价，反映一个人对事物整体的理解程度和对关键问题的把握能力。创新型人才的一个显著特征，就是善于对事物的重要性做价值判断。

因为发现青蒿素而获得2015年诺贝尔生理学或医学奖的屠呦呦，率领她的研究小组参与到研制新型抗疟药的重大攻关项目中来时，采用的研究思路和其他研究小组并无很大的区别。从涉及各种植物、动物、矿物的2000多个方药中筛选可能抑制疟原虫的原料和方法，然后对筛选出来的可能案例做复筛，一步步地缩小包围圈。在这个过程中，屠呦呦注意到青蒿曾出现过较好的抑制疟原虫的效果，但在复筛时效果并不明显。她没有轻易地放弃这一线索，而是反过来分析复筛的方法是否正确。中药煎服是我们的传统，她的研究团队就是按照这样的传统来实验的。在重温东晋时期葛洪的《肘后备急方》时，屠呦呦为其中的"青蒿一握，以水二升渍，绞取汁，尽服之"这句话所吸引，并特别留意"绞取汁"的工艺，于是，屠呦呦改用沸点较低的乙醚来提取青蒿中的有效成分，由此成功提取出高达100%抑制率的青蒿素。

屠呦呦之所以能获奖，就是因为她在几个方面的价值判断：第一，她在复筛效果不佳的情况下没有放弃，对青蒿的重要性做出了准确判断；第二，她改变了提取方式后第一个提取出高达100%抑制率的青蒿素；第三，她是第一批做临床试验，甚至不惜用自己的身体来做试验的人。

价值判断是建立在对事物全面了解和把握的基础上的。比如一谈到西方文化，有的人脑海中就会跳出"民主""个人价值""自由"等词语，那是因为他们对西方社会的历史还不够了解。如果他们认真研究了中世纪的欧洲史，或许就会修正自己的判断。

价值判断是可以通过教育逐渐培养起来的。我们常说做事要三思而后行，强调要养成做事前多思考的好习惯。思考什么？思考在同时面对多个任务的时候，如何确定任务的轻重缓急；思考某件事情值得去做的理由；思考做某件事情的可能路径并找寻最优策略……你看，这些不都是在提升人的价值判断能力吗？

价值判断受人的价值观的直接影响。个人的成长环境、父母的价值判断、社会文化以及学校教育等，都会影响一个人的价值观，并因此影响他的价值判断。这是一个系统工程，既需要在全社会形成明确而稳定的核心价值观的共识，也需要家庭小环境正向的、积极的引导。

培养自制力

我评上特级教师那年，给自己定了一个目标——坚持每周读一本书并写出 3000 字左右的读后感。为了让自己实现这一目标，我专门开设了博客，将自己每周的读后感定时发布出来。读一本书、写一篇读后感不是一件难事，坚持每年阅读 52 本书并周周撰写一篇读后感，绝对是人生道路上的一大挑战。我从 2016 年开始一直坚持到现在，以后还会继续坚持下去。阅读的历程不仅锤炼了自制力，也让我获益良多，更加深刻地体悟到良好学习习惯的意义和价值。

所谓自制力，就是一个人控制自己思想感情和举止行为的能力。其本质是做出选择的能力，其核心是运用理智判断去做重要事情的能力。

自制力有以下三种表现。

一是"我要"。有一些事情是人不想去做的，但他知道只有做下去才能提高生活品质，于是内心就会产生"我要"的力量，促使自己将这些事情做好。比如那些演奏乐器的高手，在很小的时候就开始持之以恒地反复操练，他们也想像其他同龄人那样自由自在地玩耍，但同时也明白不付出努力和汗水，就不会有收获。以至经过发展，那些在音乐方面很有造诣的人脑神经的组织和普通人有很明显的区别，这就是"我要"的力量所在。

二是"我不能"。人或多或少都会有一些不良习惯，或者说"顽疾"，在消耗自己的生命，损害自己的健康和幸福，并阻止自己通向成功。面对这些坏毛病，需要使用"我不能"的力量，不断地改变自己。一个经典的案例就是富兰克林。富兰克林青年时代曾经下决心克服一切坏的自然倾向、习惯或伙伴的诱惑。他给自己制订了一个包括13项内容的道德计划，然后逐项加以落实。比如，为了矫正闲谈和说笑话的习惯，他列了一项计划——"沉默"，要求自己做到除非于人于己有利之言谈，否则不说话，从而避免琐屑的谈话。后来有一位朋友说他常常显露骄傲，于是他又把"谦逊"加入计划中。他晚年撰写自传时，曾经谈起青年时代锻炼自制力的计划，认为他取得的成绩应归功于节制。

三是"我想"。人们常为自身发展设计了美好的愿景，并制订了相关的行动计划，但常常因为眼前各种事物的诱惑而让自己偏离发展的轨道，最终一事无成。那些具有自制力的人，始终放眼未来，在面对各种诱惑时能够调动心智中"我想"的力量让自己将目光聚焦在愿景上，引导自己做出正确的选择。

人为什么要培养自制力？这是因为人是群居的，要与其他人相安无事、和谐相处，最好的办法就是学会控制自己。当你不是一个团队的主宰时，要学会凡事多听听别人的意见，不要总想着挑头，以免让自己在社交场合出丑。有意识地学会自我控制，才能让自己保住健康，保住事业，不会被所在的群体抛弃。由此可知，自制力对一个人的成长、成功都起着十分重要的作用。那么，该如何培养自制力呢？

第一，要明辨是非。知道什么事情自己可以去做、什么事情不应该去做，要提升自己的判断力。一个明辨是非的人才能约束自己的行为，不去做无益的事情。第二，要有规则意识。规则是待人接物的底线，而一旦触碰底线，就必须受到制约甚至惩罚。一个人有了清晰的规则意识，才会有安全感。在规则始终统一并明确的前提下，人的自控力也会得到有效发展。第三，学会自我管理。人们对外在约束和严格要求，常会产生抵触情绪。很多孩子在家长、老师面前是乖孩子，而一旦离开他们的视野就变得非常"狂野"，甚或到了让人不敢相认的地步，就是因为约束力量太强，没有约束时反弹太厉害的缘故。人们只有学会自我管理，才有可能养成自控的习惯，并形成自控力。第四，学会自我反思。一个人在成长过程中，不可能总是一帆风顺，总会磕磕绊绊，经历这样或者那样的事情，获得各种经验，这些都是人生的组成部分。有自制力的人，其与众不同之处，就在于能够及时反思，不断总结，从失败中吸取教训，从成功中提取经验，从而让自己不断走向新的成功。

自制力强的学生，一般学习成绩很好，各方面的表现都不错。他们一般是通过自我教育、自我管理来培养自制力，从而让自己能做出正确选择，走向成功。

意志力体现人的品质

　　意志力是心理学的一个概念，指的是一种坚定的、能够克服各种困难的精神力量和品质。

　　意志力的品质通常体现在以下几个方面。一是目标感和自觉性。因为疫情，很多学生通过在线教育的方式学习，有的学生不用家长督促，自己就能把一天的学习生活安排得井井有条，而有的学生即便在家长的督促下也不能很好地沉浸在学习中，这背后就是意志力品质的差异。二是决策时的果断性。这指的是面对新情况、新任务，善于明辨是非、迅速而合理地做出决定和执行决定的意志品质。这在学生不能按时开学，需要上网课学习的新情况下体现得尤其明显。面对这样的情况，是立即调整自己的生活习惯，迅速行动起来，还是优柔寡断，等待观望？三是行动时的自制力。自制力强的人，能够不受外界各种诱惑的干扰，心无旁骛地向着实现目标努力；而自制力弱的人，则经常被身边的各种琐事烦扰，学习和工作总是处于蜻蜓点水的状态。四是过程中的韧性。人生不会一帆风顺，中间总会遇到各种困难，或许还会遭受各种挫折，只有那些百折不挠、持之以恒的人，才能在风雨之后看到绚丽的彩虹。韧性是意志品质最为集中的体现。

　　人要想做成一件事情，必须有意志力支撑。所做的事情简单，需要的意志力就弱；所做的事情繁杂，需要的意志力则强。不同的人，意志力的水平有很大区别。有的人有着极强的意志力，面对异常严酷的境况都不改变自己的行为目标和行为方式，甚至甘愿付出生命的代价；有的人意志力比较薄弱，面对的问题稍微有点儿复杂，或略微有点儿挑战性，便立刻主动放弃，举手投降。

人的意志力还有以下一些特点。

首先，人的意志力是一种稀缺资源，它的总量是有限的。就像你钱包里的钱一样，每个月的工资总额是一定的，用掉多少就会少多少。

如果你睡了一个好觉，早晨起床就会精神饱满，斗志昂扬，因为经过一夜的休息和调整，你已经积累了满满的意志力。在接下来的一天时间里，你将通过各种方式逐渐损耗你的意志力。你的任何一个选择、任何一个决定，以及各种琐事，都会从你身体内部提取意志力。如果缺少定力，总是在一些事情上左右摇摆，很快就会让自己筋疲力尽，一事无成。如果你急着想要去做某件事情，但出于各种原因无法去做，那你就要付出更多的毅力来约束自己，意志力的损耗就更快了。

如果你在 A 事上消耗了过多意志力，那么在 B 事上就会力不从心，难以自控。这方面的例子很多。有的人在单位工作压力大，总是需要依靠意志力来让自己保持专注，还没到下班就已经几乎把意志力消耗殆尽了，回到家里脾气不好，动不动就发火，就是典型的事例。比如到了考试季，学生因为要将更多的精力用在备考上，个人生活就会比较马虎，穿着比较邋遢不说，脏衣服、臭袜子也会到处乱堆，宿舍卫生也会一塌糊涂。比如，逛街买东西，你走了很长时间都没有做出决定，消耗了大量的意志力，到最后你就有可能草率地下单，购买一件并不是自己最心仪的、价格也可能偏贵的衣服回来。在意志力快消耗殆尽的时候做出的重要决定，往往会让你后悔。

其次，意志力是可以培养并得到增强的。平时经常加以反省，通过自我监控养成良好的学习和工作的习惯，可以很好地提升一个人的意志力。在这方面，家长和教师可以有意识地对孩子进行培养，并坚持不懈地实施下去。

除了长期的培养之外，也有短平快的方法，补充葡萄糖就是比较有效的办法。研究人员发现，如果在实验过程中给受试者喝一点儿含糖的饮料，比如果汁，他们的意志力就会增强。当然，必须用真正的糖，甜味替代品没用。随着体内葡萄糖含量的上升，人的情绪会更加稳定，做事情也更有耐心，尤其是含有葡萄糖的甜食，能够迅速提升人的意志力。我原来在安徽做教师的时候，每到高考时，都让学生准备一些葡萄糖口服液，让他们在进考场之前喝下去。当时的想法是以此来提高能量，确保大脑供氧量充足。现在看来这样做还有提升学生意志力的效应呢。

当然，凡事有利有弊，如果控制不住自己，到了贪吃的地步，就有可能带来负面效应。这是要设法避免的。

学会尊重

在校园生活中，经常遇到这样的事情：几个学生在课间一起嬉闹玩耍，原本尽情投入游戏中，但因为有的学生肢体语言过于丰富，导致其他学生不满，很快到了剑拔弩张的地步；两个学生在交流事情，因为一言不合忽然之间就红了脸，唇枪舌剑闹得不可开交……这些事情在某种程度上都与学生没有学会尊重有关。

王怀玉老师在《小学班级特色活动设计与指导》一书中提出，尊重有四个不同的维度，分别是尊重自己、尊重他人、尊重规则、尊重外物。

尊重自己，看起来是理所应当的事情，但事实并非如此。很多时候，学生总是借着镜子之类的外物来观察自己的形象，看到的都是别人标准下的自己。因为不认识真正的自己，就可能会糊里糊涂地做出一些不尊重自己的事情来。尊重自己，首先，体现为不做损害自身健康的事情。不暴饮暴食，不经常熬夜，不拿自己的生命开玩笑。其次，体现为不做降低自己人格的事情。凡事都应该落落大方，不卑不亢，不能为了某种利益而奴颜婢膝、溜须拍马。再次，体现为不让消极的情绪左右自己。情绪是一种心理状态，会直接影响生活和学习，善于管理自己的情绪，就是对自己的尊重。最后，体现为对待学习和生活的态度。一般来说，一丝不苟、踏实勤勉地学习和生活的人，可以从中获得很多乐趣，也容易获得别人的尊重和认同。尊重自己的前提是要了解自己，正确认识自己。一个人越是认识自己，就越会尊重自己。

孟子说："爱人者，人恒爱之；敬人者，人恒敬之。"孟子强调的，是尊重他人的重要性。尊重他人，关键是要学会换位思考，在和同学朝夕相处、共同求学的过程中，要善于站在对方的角度思考问题，体察对方的情绪，了解对方的需求，而且做到不分贫富贵贱一视同仁。

尊重他人，第一，要尊重他人的隐私。每个学生都是独特的、属于自己的、不愿意被别人窥知的一些小秘密，也有一些难言之隐不想被别人提及。第二，要尊重他人的选择。对待某件事情，不同的人会有不同的想法，会根据自己拥有的资源状况等做出各不相同的选择。你不能强求别人一定要和你的选择一致。第三，要尊重他人的财产。第四，要尊重他人的宗教信仰、文化习俗。第五，要尊重他人的人格。比如帮助那些家境比较困难的学生时，一定不能让他有不舒服的感受。第六，要忘记自己的辉煌。总是提醒他人关注自己取得的成就，其实就是在双方之间深挖沟壑。

规则是大家要共同遵守的制度或章程。你愿意在一个群体里生活，就意味着你愿意遵守这个群体的运行规则，这是该群体有序开展活动的基础和保证。有人常羡慕国外的教师和学生，他们热情奔放，让人觉得似乎除了法律，他们不受任何约束。其实不然，在群体活动中，无论是席地而坐、参加大型活动，还是课间换教室、上校车等，他们少有交头接耳、嬉戏打闹、搞小动作的现象，有的是专注、热情、耐心、自觉。学校正是通过培养学生的规则意识，注重教育学生在学校生活中的权利与义务，来实现他们身心自由发展的。

要让学生尊重规则，首先，规则的内容要非常具体，可操作性强。一般情况下，同时实施的规则有五六条就够了，太多了大家都记不住，自然也就无法遵守。其次，在执行过程中前后要一致，尺度不变，凸显规则的权威性。再次，要将规则逐渐内化为学生的生活习惯，让其从心而为。最后，要注意规则的层面特征，区分哪些是底线层面的规则、哪些是发展层面的规则、哪些是活动层面的规则，并让各类规则保持相对的独立性和合理的张力。

学校的公共财产、自然界的万事万物，也应该受到同样的尊重。按照课表去上课，是一种尊重；爱护教室里的各种公共财物，是一种尊重；认真对待自己的工作，是一种尊重；仔细观察周边的事物，善待每种动植物，珍惜我们日益紧缺的资源，更是一种尊重。尊重外物，与周边环境和谐相处，是每个公民的基本责任和义务。

　　通过说教的方式让学生学会尊重，是不太靠谱的。尊重作为一种必备品格，最有效的培养办法就是实践。要通过一系列有目的的交往活动，让学生积极参与公共事务，在与他人、与周边的环境、与世界相处的过程中了解自己的位置。学校的课程建设要在这方面做出努力。

要有同理心

　　杨茂秀在《高个子与矮个子：父亲与女儿的心灵对话》一书中，讲述了这样一个故事。女儿早上起床后，妈妈将一条黄色的长裤和一件毛衣拿出来，让女儿这天就穿这身衣服去学校。但女儿有自己的想法，她不想穿这条黄色长裤，要穿另一条紫色长裤。女儿将自己的想法告诉妈妈之后，妈妈立刻就生气了，质问女儿为什么不喜欢这条黄色裤子，并对她说："叫你穿，你就穿！"

　　女儿因为自己的愿望没有实现，还被妈妈训斥了一通，眼泪都要掉下来了。她跑过去找爸爸求助，希望爸爸能支持她。爸爸告诉女儿，他已经听到了她和妈妈之间的争论，询问女儿为什么不喜欢那条黄色裤子，是因为不喜欢黄色还是因为这条裤子不够合身？爸爸原本希望通过一个个问题，将女儿不喜欢黄色裤子的原因找出来，没想到一连串的问题，把女儿又给惹毛了。"爸爸，你今天早上真是烦人，为什么，为什么，问个不停。我不喜欢妈妈规定我穿哪一件衣服或者裤子。早上最快乐的事情，就是打开衣橱，看一看，伸手拿出自己想穿的衣服。她每次都要规定人家穿她喜欢的。真讨厌。"

　　……

　　由穿衣服引发的矛盾，相信很多家庭都出现过。家长在看到孩子不听自己的话、不愿意穿某件衣服的时候，经常有两种表现。一是用强制的方式要求孩子必须穿。二是推测孩子不喜欢某种颜色，将一个具体的事情普遍化。

由吃饭、穿衣等小事引发不愉快，比较多的原因是大人喜欢包办代替，用自己的想法去要求孩子，不给孩子自己安排生活的时间和空间，不顾及孩子内心的感受。当孩子有自主安排的愿望，但始终看不到实现的可能时，就会引发亲子冲突。

其实，不仅仅是亲子之间，在师生之间、在各个领域的人际交往之中，这样的事情也是时常发生的。这些矛盾的发生，根本原因就是双方没有在观察、了解对方情绪的基础上，体察入微，感同身受，做到真正接纳对方的情绪，产生共情。善于站在对方的角度和位置来理解对方的内心感受，以体验对方的内心世界，并且把自己的理解传递给对方的沟通交流方式，就是同理心。

同理心涉及认知和情感两个层面，认知层面的同理心指换位思考，即站在对方的角度去理解对方发出的信息，听明白对方说了些什么。有一对热恋中的男女，一天坐在一起聊天，男方突然说："我需要多一些空间。"女方听了之后脑子一片空白，有点儿不敢相信自己听到的话。好在她想了一下之后鼓足勇气，让男方将刚才那句话的意思说明白一些。男方说，他觉得两个人坐得有点儿挤，希望女方稍微挪一点儿，以便自己坐得舒服一点儿。一场很有可能导致误解的风波，因为女方追问并理解了男方话语的真实含义而解除了。

情感层面的同理心指对他人感同身受，也就是理解对方话语中的情感成分、隐含含义，以便做出应对。比如同办公室的一位班主任在课余时间找你聊天，感叹道："这个班级可真难管啊！"你准备如何回应呢？是和他一起抱怨，还是仅仅做倾听者，或者给他提出班级管理的若干建议？这就需要仔细辨别他的语气。语气不同，带给你的感受是不一样的。如果他仅仅想抱怨一番，你只要做倾听者即可，这个时候给他提出建议或许适得其反，会让对方有"只有你能"的想法；如果他的话语中充满无奈，你要做的则是给他安慰；如果他真心希望得到你的帮助，你再给他一些建议。

同理心不仅贯穿于我们的整个生活，同样贯穿于我们的职业生涯，是一种特别重要的能力。同理心是可以逐渐培养出来的。其关键是掌握询问事情的技巧，即知觉检核，它包括三个组成部分：描述你注意到的行为或事实，列出至少两种猜测，请求对方予以澄清。就以前面的"我需要多一些空间"为例，女方可以这样询问："你说需要多一些空间，我听了很意外（事实），我不确定是我的什么行为引发了你的不满（第一种诠释），还是你有什么不舒服的地方（第二种诠释），你是怎么想的（请求澄清）？"将自己的各种猜测说出来，向当事人求证，这样可以避免出现误解。

一些学校在课程建设中，特别重视开发戏剧课程，给学生创设角色扮演的时空，这对培养学生的同理心是很有帮助的。

培养责任道德之心

我们的身边，有许多人致力于促进事业的发展和社会的进步，以民族复兴、社会和谐为己任；我们的身边，有一批企业瞄准科技与生活的关键环节，以创新为驱动力，在尖端前沿领域持续探索，努力让科学研究水平走向世界的前列；我们的身边，有不少社会团体和公益组织，将社会上的各种不均衡、不平等的发展状况看在眼里，记在心上，想尽各种办法来帮助那些弱势的、贫困的人改善生存环境，提升生存技能，为改善他们的命运而无私奉献。这些企业、团体和个人之所以如此努力地工作和辛勤付出，是因为他们具有加德纳所说的"责任道德之心"。

责任道德之心是在教育过程中逐渐形成的，与学生职业意识的培育、职业生涯的规划直接相关的一种必备品格。在求学过程中，学生对社会上的各种职业逐渐有了一定的认识，也开始对未来的工作和生活充满憧憬，思考自己今后应该从事什么样的工作，才能让自己的一生过得有意义。在学生心目中，有意义的工作通常体现在三个方面。首先，这是一种专业程度高的工作，不是一个人随随便便就可以从事的；其次，这是一种肩负重要社会责任的工作；再次，这样的工作被人们广泛认可，有较好的社会评价和地位，能够给自己带来自豪感。很多学生将这样的工作作为职业选择的方向。这也提醒各级各类学校，学习文化课程固然重要，结合责任道德之心培育并帮助学生做好未来职业生涯的规划工作更加迫切。

学生对有意义的工作的认识，与各类企事业单位以及在其中工作的人展现出来的社会形象有着直接关系。

按说像波音公司这样的企业应该是专业的、品质非常高的，也是肩负重要社会责任的，因为它的产品直接关系每个乘客的生命安全。但近年来波音飞机却事故频发，不仅造成了重大的人员伤亡，也导致波音公司声誉的大幅下滑和经济上的重创。

据说，这与企业自身的治理存在问题有直接关系，公司的各级员工缺乏责任道德之心更是不争的事实。空难事件调查直指飞机设计和制造环节有漏洞。为了减少前期工作中的资金投入，波音公司竟然偷工减料，在论证和实践检验都不够充分的情况下就将新产品推出。这样的事情不仅仅发生在波音一家。日本神户制钢，迫于按期交货的压力，竟然篡改了部分产品的技术数据，以次充好……一件丑闻，就可以让一个知名企业因此折戟沉沙。这样的事无论是对民众的心灵、对企业自身的发展，还是对国家的经济来说，伤害都是非常大的。这也反过来说明，在学生求学阶段帮助他们确立责任道德之心的重要性。

从某种意义上说，学生学习就是他们人生中的第一份工作，学校要有意识地让学生理解这份工作的价值所在，让他们明白自己学的是什么、为什么要学这些、学了有哪些用途，为学生铺设通往有责任感的、高尚的道德之路。学生只有理解了知识的价值所在，才会更加愿意投入学习中；学生只有立志要成为有责任道德之心的人，才会更加努力地沉浸在学习中，并尝试利用所学知识来改善人们的生活质量，以及在发现相关知识存在破坏性用途的时候予以监督。

加德纳指出，要培养学生的责任道德之心，需要做好四个方面的工作。一是增强学生的使命感，培养学生的公民意识，让其明白自身的奋斗目标，激发学生努力学习并为之做好各种准备。二是充分发挥榜样的作用。在当今这样一个巨变的时代，当功利、欲望迷住了世人的双眼之时，我们尤其需要发挥榜样的作用。三是引导学生开展自我反思和自我管理，通过"三省吾身"不断调整自己的行为，让自己成为有益于社会的人。四是让学生认识到"天下兴亡，匹夫有责"，不仅要对自己做的事情负责，在他人出现违反职业道德等行为时，要能主动站出来加以制止，不让"千里之堤，溃于蚁穴"。

后　记

本书所有文章均来自《上海教育》杂志《非常故事》专栏。

2011 年底到 2012 年上半年，我接连获得几项荣誉。首先是中国教育新闻网授予的"全国教育改革创新管理贡献奖"。2012 年 3 月，《中国教育报》改版，我被聘为《非常道》专栏作者。之后我还被《中国教育报》聘为特约评论员。4 月，我又获评"2011 年度全国十大最具思想力教育局长"。

这一连串的荣誉引起了上海教育杂志社的关注，他们希望我能开设一个专栏，畅谈自己关心的教育问题。经过慎重商讨，并借鉴《中国教育报》专栏名"非常道"的创意，《上海教育》将我的专栏定名为《非常故事》。他们希望我通过讲故事的方式讲述教育领域的一些现象，揭示其背后的教育原理，为关心教育的人士提供多样化的视角。

按照计划，除去寒暑假，每年我大致需要完成八篇专栏文章。看上去工作量不是很大，但真正用心去做这件事，我发现还是很有挑战性的。我希望在一段时间内围绕教育的某个热点问题进行多角度探讨，这就需要提前做规划，将可能涉及的维度大致梳理清楚。虽然压力不小，但在漫长的十年中，我坚持按照编辑的要求按时完成每一篇文章。

2012 年 6 月，《非常故事》专栏开启。从那时起，该专栏一直由罗阳佳编辑负责。她非常仔细认真，总会提前半个月提醒我考虑下一期专栏的内容，让我有充分时间酝酿和撰写文章。有时工作太忙，发出去的文章未经仔细审核，里面有不少错别字，或者语句不是很通顺，她都会帮我修改、调整，让我非常感动。从 2020 年 1 月起，因为工作调整，《非常故事》专栏改由《上海教育》编辑部官芹芳主任负责审读和编辑，她和罗阳佳编辑一样，为这个专栏付出了许多心血，让我得以顺利"毕业"。在此，特向两位敬业的编辑致以真诚的谢意！时常有读者和我交流，还有读者写出回应文章发表在《上海教育》杂志上。这让我非常欣慰，感受到做这些事情的价值。在专栏创设和撰写过程中，我得到了来自各方的关心和支持，限于篇幅，这里就不一一列举了。感恩有您，让我这十年的教育实践和教育写作生涯如此充实。

感谢上海教育出版社、源创图书的青睐，让我能够将这些专栏文章汇编成册。感谢泮颖雯、李玲、董洪等编辑对文章的重新梳理和编排，让它们之间的逻辑关系更加清晰，内在联系更加紧密。

感谢我的妻子，她为我们的家庭付出了很多，让我能够有时间集中精力思考问题，撰写文章。正是因为有她的全力支持，才有我十年的耕耘以及这本书的问世。

也感谢正在阅读本书的您。一本书的写作和出版，仅算完成了一半工作，还有一半要靠您和广大读者共同完成。当读者与作者产生思想共鸣，有进一步思考时，这本书才算是完整的，才算是有意义的。

期待您的参与！